Entdecke
170
heimische
Tiere!

Mike Dilger
Sarah Horne

Die Wildnis
vor deiner
Haustür

Loewe

FSC
www.fsc.org
MIX
Papier aus verantwortungsvollen Quellen
FSC® C023419

ISBN 978-3-7855-8880-2
2. Auflage 2018
Titel der Originalausgabe: *Wildlife in Your Garden*,
erschienen 2016 bei Bloomsbury Education, an imprint of Bloomsbury Publishing Plc.
This translation of *Wildlife in Your Garden* is published by
Loewe Verlag by arrangement with Bloomsbury Publishing Plc.
Text © 2016 Mike Dilger
Illustrations © 2016 Sarah Horne
Aus dem Englischen übersetzt von Bea Reiter
Für die deutschsprachige Ausgabe © 2017 Loewe Verlag GmbH, Bindlach
Umschlaggestaltung: Michael Dietrich
Printed in Italy

www.loewe-verlag.de

Inhalt

Einleitung

Für die meisten von uns ist der Garten (genau wie das Haus) Privatbesitz und darf nicht einfach so betreten werden, aber wir teilen unsere Gärten mit unglaublich vielen Wildtieren, ob uns das nun gefällt oder nicht.

Du denkst vielleicht, dass dein Garten ganz klein ist. Möglicherweise gibt es nur ein kleines Stück Rasen, ein paar Blumen oder Sträucher und vielleicht noch einen Baum. Und das soll ein **Habitat** für wild lebende Tiere sein? Die Erklärung dafür: Dein Garten ist keine „Insel". Blaumeisen und Dachsen ist es egal, ob sie den Garten nebenan besuchen dürfen oder nicht. Es ist eher so, dass sie die Hecke zwischen Haus Nummer zehn und zwölf als Korridor für Wildtiere oder Platz zum Ausruhen oder **Winterschlaf** betrachten und nicht als Grenze zwischen zwei Grundstücken.

Dein Garten ist so etwas wie ein „Flicken", aus dem eine riesige Patchworkdecke entsteht, wenn man ihn mit den angrenzenden Gärten verbindet! Und wenn du dir vorstellst, dass alle Gärten auf diese Art miteinander verbunden sind, wird daraus ein riesiges Naturschutzgebiet.

Unser „Flicken" soll so schön wie möglich aussehen und deshalb pflanzen wir Blumen, Sträucher und Bäume. In deinem Garten gibt es vielleicht einen Teich, an dem man sitzen kann, eine Rasenfläche, auf der du spielen kannst, oder baust du sogar Obst und Gemüse an? Wenn du aus deinem Garten einen abwechslungsreichen Ort machst, wird er zum Paradies für Wildtiere: Ein bisschen Wald, ein bisschen

Wiese und irgendwo noch eine ruhige Ecke, mehr brauchst du dazu nicht.

Für Tiere sind unsere Gärten riesige Speisekammern. Über 99 % der Wildtiere in deinem Garten haben jedoch weder ein Fell noch Federn. Selbst in einem Garten, der völlig leer erscheint, gibt es unzählige Arten von Insekten, Spinnen, Asseln und Schnecken. Du bemerkst sie vielleicht gar nicht, aber diese kleinen Lebewesen dienen als Futter für die Stars im Garten: **Säugetiere**, Vögel, **Reptilien** und **Amphibien**.

Gartenliebhaber sind meist große Naturfreunde. Viele füttern Vögel oder geben ein Vermögen für exotische Pflanzen, Sträucher und Bäume aus. Aber es muss gar nicht viel kosten, wenn du aus deinem Garten einen Ort machen möchtest, an dem Wildtiere sich heimisch fühlen. Und es kann so einfach sein!

Dieses Buch soll dir dabei helfen, die meisten der Wildtiere zu erkennen, die in deinen Garten geflogen, gehüpft oder gekrochen sind. Außerdem findest du darin viele tolle Tipps, wie du Gärten noch attraktiver für Wildtiere machen kannst. Dein Garten ist dein eigenes kleines Naturschutzgebiet direkt vor der Haustür – und du kannst eine Menge Spaß damit haben!

Rasenflächen, Blumen- und Gemüsebeete

Für Lebewesen, die laufen, kriechen oder fliegen, ist grünes Gras viel, viel mehr als nur eine Rasenfläche. Ein Igel, eine Hummel oder ein Schmetterling fühlt sich in deinem Garten wie auf einer saftigen Weide oder einer Wildblumenwiese.

Blumenwiesen sind fast völlig aus der Landschaft verschwunden. Bebauung und moderne Landwirtschaft haben dafür gesorgt, dass es kaum mehr ursprüngliche Wiesen und Weiden gibt. Und das bedeutet, dass Gärten mit vielen Blumen inzwischen wichtige Schutzgebiete für eine ganze Reihe von Wildtieren sind, die in der freien Natur nur noch schwer einen **Unterschlupf** finden.

Für viele dieser Kreaturen, die Pflanzen fressen oder nach **Nektar** oder **Pollen** suchen, sind deine Blumenbeete eine saftige Wiese. Aber überall dort, wo sich Insekten von unseren Blumen ernähren und Vögel die Samen picken, gibt es auch **Räuber**, deren Abendessen aus langsamen oder kranken Tieren besteht. Für uns Menschen mögen Rasenflächen, Blumen- und Gemüsebeete ruhig und friedlich aussehen, aber für Wildtiere geht es nur um eins: Fressen oder gefressen werden!

Komm mit, ich zeig dir, wer hier lebt!

Fuchs

Mittlerweile sind Füchse aus Feldern und Wäldern bis in unsere Städte gezogen. Und sie finden das Leben in unserer Nachbarschaft so gemütlich, dass es inzwischen immer mehr Städte und Gemeinden gibt, die für dieses wilde Mitglied der Tierfamilie der Hunde zu einem Zuhause geworden sind.

Mülltonnen ... lecker!

Füchse fressen mehr oder weniger alles: Vögel, die sie auf dem Rasen erwischen, Ratten, die sie sich im Gemüsebeet schnappen, oder Käfer, die zwischen den Blumen krabbeln. In unseren Gärten steht ein großes Nahrungsangebot für sie bereit. Und wenn es keine lebende **Beute** zu finden gibt, macht es Füchsen überhaupt nichts aus, sich von Vogelfutter zu ernähren oder Mülltonnen nach Lebensmitteln zu durchwühlen.

Auf Wohnungssuche

In vielen Gärten gibt es Schuppen oder Ecken mit dichtem Gestrüpp, die sich ideal als Wohnung für eine Fuchsfamilie eignen. Wenn Füchse eine Familie gründen, graben sie ein Loch in die Erde, das „Fuchsbau" genannt wird. Der starke Eigengeruch und die Kothaufen am Baueingang sind sichere Hinweise darauf, dass eine Fuchsfamilie in den Garten eingezogen ist.

Kommst du spielen?

Nach ersten Ausflügen an die Erdoberfläche werden die schokoladenbraunen Jungtiere immer mutiger. Sie verbringen ihre nächsten Lebenswochen damit, deinen Garten zu erkunden. Es kann vorkommen, dass die verspielten Welpen ein Blumenbeet verwüsten oder deine Gartenhandschuhe anknabbern, aber dieses scheue **Säugetier** aus solcher Nähe beobachten zu können, ist etwas ganz Besonderes.

Igel

Der süße kleine Igel wird von vielen heiß und innig geliebt und unsere Gärten sind für ihn ein wichtiger **Unterschlupf**. Da er das einzige **Säugetier** mit Stacheln bei uns ist, kannst du einen Igel mit keinem anderen Tier verwechseln! Igel sind scheue Einzelgänger, sie kommen häufiger in unseren Gärten vor, als viele glauben. Allerdings ist ihr Bestand in letzter Zeit zurückgegangen.

Schnecken aufgepasst!

Igel kommen meist im Schutz der Dämmerung aus ihrem Versteck. Rasenflächen und Blumenbeete sind für sie das perfekte Jagdgebiet, das sie nach ihrem Lieblingsfutter durchstöbern – Schnecken! Igel nutzen bei der Nahrungssuche ihren hervorragenden Geruchssinn und ihre empfindlichen Barthaare. Außer Schnecken fressen Igel auch **Larven** von Insekten, Käfer und sogar Vogeleier, falls sie welche finden. Wenn es Büsche, Hecken, Komposthaufen oder Holzstapel in ihrem Garten gibt, können sich Igel tagsüber darin verstecken und in der kalten Jahreszeit auch ihren **Winterschlaf** dort halten.

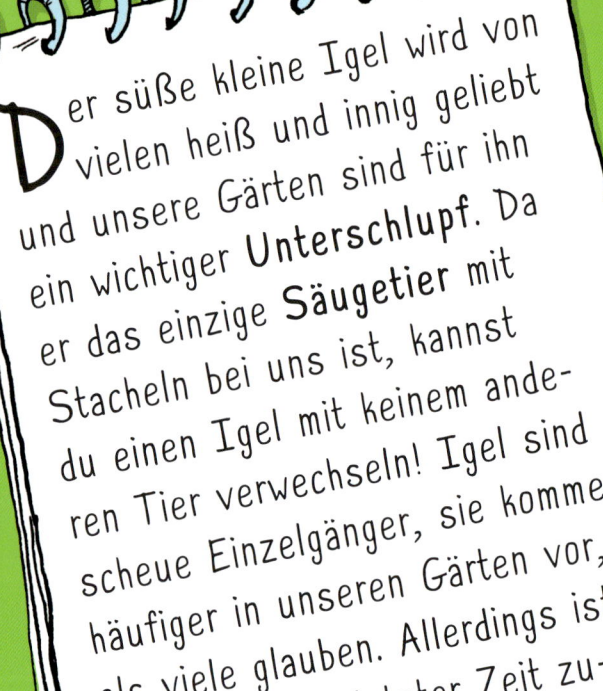

Mich mag jeder!

Und wer mag mich?

Gefahr

Einer der natürlichen Feinde des Igels ist der Dachs, der seine langen Krallen benutzt, um an dem Stachelpanzer des Igels vorbeizukommen, indem er diesen wie eine Konservendose öffnet. Allerdings ist nicht der Dachs schuld daran, dass der Igelbestand in letzter Zeit zurückgeht. Es liegt wohl eher daran, dass sich der Igel im Straßenverkehr ausgesprochen schlecht zurechtfindet. Es nützt ihm leider nicht viel, dass er sich vor einem herannahenden Auto oder Lastwagen zu einer stachligen Kugel zusammenrollt!

Kaninchen

Kaninchen breiteten sich von Spanien her im Mittelmeerraum aus und wurden vor fast 1000 Jahren wegen ihres Fleischs und Fells nach Frankreich und auf die Britischen Inseln gebracht. Heute ist so gut wie kein europäisches Land „kaninchenfrei". Kaninchen fühlen sich in der unberührten Natur zwar am wohlsten, aber es ist keine Seltenheit, dass sich manche dieser Tiere auch einmal in einen Garten wagen, um dort das Gemüse anzuknabbern!

Kaninchen oder Hase?

Beide Tiere haben lange, spitze Ohren, große, seitlich am Kopf sitzende Augen und einen Schwanz mit einer weißen Unterseite. Im Gegensatz zu Kaninchen, die sich den größten Teil des Tages in unterirdischen Löchern aufhalten, die „Bau" genannt werden, verbringen Hasen ihr ganzes Leben über der Erde. Hasen bevorzugen Felder und Wiesen, daher wirst du nicht so oft einen bei dir im Garten sehen. Sie sind größer als Kaninchen, haben längere Ohren mit schwarzen Spitzen und können sehr viel schneller rennen.

Ich sehe den Unterschied!

Hase

Kaninchen

Fressen und gefressen werden

Manchmal ärgern sich Gärtner über Kaninchen, weil diese alles anknabbern, vom saftigen Gras des Rasens bis hin zu teuren Blumen. Kaninchen selbst sind Futter für eine ganze Reihe anderer Tiere, beispielsweise Füchse und Bussarde. Doch die Gegenwart von Menschen verscheucht viele Feinde des Kaninchens, daher suchen sie gerne Schutz in Gärten.

Drosseln

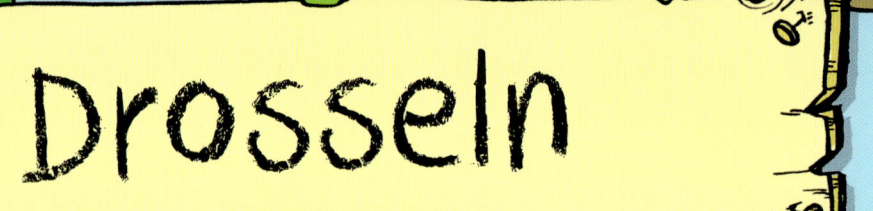

In unseren Gärten sieht man rund ums Jahr drei verschiedene Drosselarten. Diese Waldvögel haben gelernt, dass sie in Rasenflächen und Blumenbeeten im Sommer Würmer und Schnecken und im Winter Beeren finden können.

Amsel

- schwarzes Federkleid beim Männchen
- gelber Schnabel
- Augenringe
- ein Tschuck-tschuck-tschuck ist ihr Alarmruf

Männliche Amseln hüpfen gern im Rasen herum, wo sie nach Regenwürmern suchen und andere Vogelarten verscheuchen.

Misteldrossel

- größer als die Singdrossel
- grau-brauner Rücken
- gefleckte **Brust** und Seiten
- nistet im Wald

Eine Misteldrossel siehst du am ehesten in den Frühlings- oder Sommermonaten in deinem Garten. Dort sucht sie nach Käfern, Regenwürmern und Schnecken.

Singdrossel

- kleiner als eine Amsel
- Oberseite in warmem Braun
- schwarze Flecken
- helle **Brust**
- ausgezeichnetes Gehör und hervorragende Sehkraft

HAST DU DAS GEWUSST?

Singdrosseln fressen gern Schnecken. Die Singdrossel hält die Schnecke mit ihrem Schnabel fest und benutzt dann einen Stein, um das Gehäuse der Schnecke zu zerstören und an den saftigen Inhalt zu gelangen.

Noch mehr Vögel auf dem Rasen

Star

Trotz besorgniserregender Bestandsrückgänge ist der Star immer noch recht häufig bei uns zu sehen. Es gibt nicht viele Gärten, die noch nie Besuch von einer kleinen Schar Stare hatten. Von Weitem sehen Stare vielleicht etwas unscheinbar und langweilig aus, aber wenn man sie aus der Nähe beobachten kann, merkt man, dass das überhaupt nicht stimmt! In der **Paarungszeit** schillern die Federn der Männchen bei sonnigem Wetter in Purpur-, Lila- und Grüntönen.

Gartenhelfer

Stare machen sich mit Begeisterung über ausgelegtes Vogelfutter her, neigen aber dazu, gleich mit der ganzen Verwandtschaft anzurücken. Genauso gern suchen sie sich ihr Fressen aber auch auf dem Rasen. Da sie die **Larven** von Insekten ausgraben, die sich von Graswurzeln ernähren (zum Beispiel Schnaken und Maikäfer), helfen Stare dem Gärtner dabei, gesundes Gras zu ziehen.

Bachstelze

Die Bachstelze, die bei uns sehr häufig vorkommt, ist ein interessanter Gast in deinem Garten. Du siehst diesen emsigen kleinen Vogel manchmal auf dem Rasen, wo er Fliegen, Mücken, Raupen und Spinnen hinterherjagt.

Bei Bachstelzen fällt auf, dass sie ständig mit dem Schwanz auf- und abwippen. Warum sie das tun, ist nicht so ganz klar. Einer Theorie zufolge scheuchen sie damit Insekten aus ihrem Versteck auf, damit sie diese fangen und fressen können.

Diese Bachstelzen lassen das Stolzieren einfach nicht!

Schmetterlinge

Das Leben eines Schmetterlings

Schmetterlinge legen Eier, aus denen Raupen schlüpfen.

Raupen fressen Unmengen von Blättern. Wenn sie sich satt gefressen haben, verwandeln sie sich in eine Puppe.

Der fertige Schmetterling schlüpft aus der Puppe.

Schmetterlinge trinken Nektar.

Schmetterlinge

großer schwarzer **Augenfleck**

orangefarbene Vorderflügel

Großes Ochsenauge

Der **Augenfleck** lässt den Schmetterling größer und bedrohlicher wirken und soll **Räuber** abschrecken.

Brauner Waldvogel

Im Sommer hält er sich gern in schattigen Teilen des Gartens auf.

Augenflecken

schokoladenbraune Flügel

Gemeiner Bläuling

Wenn du Glück hast, siehst du vielleicht einen männlichen Bläuling in deinem Garten, der nach **Nektar** und Weibchen sucht.

Männchen haben lila-blaue Flügel

Weibchen haben blaue und braune Flügel

Schmetterlinge

in den Blumenbeeten

Tagpfauenauge

Die Flügel des Tagpfauenauges sind auf der Unterseite fast schwarz, damit es sich vor hungrigen Vögeln verstecken kann. Diesen Schmetterling siehst du an sonnigen Tagen vom Frühling bis zum frühen Winter.

großer **Augenfleck**

Kleiner Fuchs

Dieser Schmetterling sitzt gern mit offenen Flügeln in der Sonne.

Du siehst ihn an warmen Tagen.

orangefarbene und schwarze **Zeichnung im Karomuster**

Admiral

Admirale können kalte Winter nicht überleben, daher **überwintern** sie vor allem in den südlichen Regionen Europas und in Nordafrika.

Du siehst sie im Sommer.

Aurorafalter

Wenn du einen männlichen Aurorafalter siehst, der in Blumenbeeten nach Weibchen sucht, ist das ein sicheres Zeichen dafür, dass endlich Frühling ist!

orangefarbene Flügelspitzen

moosgrünes Muster auf der Unterseite

C-Falter

C-Falter waren früher einmal sehr selten, haben sich in den letzten Jahren jedoch stark vermehrt.

C-Falter, die Brombeeren oder andere Früchte fressen, sieht man häufig im Herbst.

zerfranst aussehende, tief ausgeschnittene Flügel

weiße, C-förmige Zeichnung

HAST DU DAS GEWUSST?

Der C-Falter hat seinen Namen von der weißen, C-ähnlichen Zeichnung auf der Unterseite seiner Flügel, die allerdings nur zu sehen ist, wenn die Flügel geschlossen sind.

Rapsweißling

Rapsweißlinge (auch Grünader-Weißlinge genannt) werden oft mit Kohlweißlingen verwechselt, deren Raupen besonders gern Kohl fressen. Rapsweißlinge dagegen legen ihre Eier am liebsten auf Pflanzen wie Wiesenschaumkraut und Knoblauchsrauke ab.

grünlich beschuppte Adern

Schmetterlinge

im Gemüse- beet

Die beiden Vertreter der „Kohlweißlinge" bringen Gärtner regelmäßig dazu, sich die Haare zu raufen! Wenn es dir nicht gelingt, die eierlegenden Weibchen im Frühjahr vom Gemüsebeet fernzuhalten, fressen die Raupen, die aus den Eiern schlüpfen, alle deine Kohlköpfe.

Großer Kohlweißling

Die Weibchen dieser Schmetterlingsart finden Kohl anhand des Geruchs und legen dann bis zu 100 Eier auf die Blätter. Wenn die Raupen schlüpfen, fressen sie sich an vielen Stellen durch die Kohlblätter und werden schnell größer.

schwarze Flügelspitzen

schwarze Flecken

graue Flügelspitzen

Kleiner Kohlweißling

Du ahnst es sicher schon – ein Kleiner Kohlweißling ist kleiner als ein Großer Kohlweißling! In einem guten Jahr kann ein Kleiner Kohlweißling bis zu drei **Bruten** haben, die sich von Mitte März bis zu den ersten Nachtfrösten im Herbst über deine Kohlköpfe hermachen.

Motten

Die meisten Motten sind nachtaktiv, aber man kann sie trotzdem gut beobachten. Wenn du dich für Motten interessierst, kannst du eine Mottenfalle bauen. Solche Fallen sind mit einer hellen Lampe ausgestattet, die Motten aus dem Garten anzieht. Sie haben ein großes Einflugsloch, aber nur einen kleinen Ausgang, sodass die Motten nicht entkommen können, bis du sie dir am nächsten Morgen angesehen hast.

Garten-Blattspanner

. die Zeichnung auf den flügeln sieht aus wie ein Teppichmuster

Die Muster helfen den Motten dabei, sich zu **tarnen**, wenn sie sich tagsüber ausruhen.

Du siehst sie zwischen April und Oktober.

langer Rüssel zum Aufsaugen von Nektar

Tauben-schwänzchen

. der einzige Vertreter der Schwärmer, der tagaktiv ist

Das Taubenschwänzchen überwintert meist in Südeuropa.

Du siehst es in warmen Sommern.

Ein Kolibri! Das Taubenschwänzchen wird auch Kolibrischwärmer genannt. Du siehst bestimmt, warum das so ist.

Die Raupen des Braunen Bären sind so stark behaart, dass es aussieht, als hätten sie einen Pelz. Sie sitzen gern in der Sonne.

Brauner Bär

. kräftige Farben und wildes Muster

Der Braune Bär ist selten zu sehen, da er nachtaktiv ist.

Mittlerer Weinschwärmer

- Flügel und Körper sind rosa und lindgrün gefärbt

Der Mittlere Weinschwärmer ist nach Sonnenuntergang unterwegs. Die ausgewachsenen Motten ernähren sich von verschiedenen Gartenblumen.

Sie sind zwischen Mai und Anfang August zu sehen.

HAST DU DAS GEWUSST?

Wegen der **Augenflecken** sieht der Kopf der **Raupe** ein bisschen so aus wie eine Schlange.

Schau mal, fast sieht der Fleckleibbär aus, als würde er einen Hermelinpelz tragen.

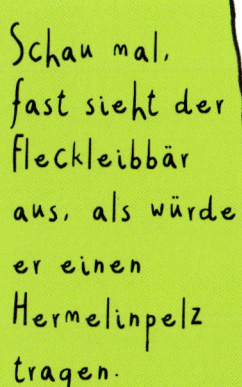

Breitflügeliger Fleckleibbär

- weiße Flügel mit schwarzen Flecken

- Der schwarz und gelb gestreifte Körper soll Räubern sagen: Ich schmecke nicht!

Der Breitflügelige Fleckleibbär frisst viele Pflanzen, unter anderem auch Brennnesseln und Ampfer. Er ist von Mitte Mai bis Ende Juli zu sehen.

Ausrufungs-zeichen

• herz- und pfeilförmige Markierungen

Die Raupen dieser Motte verstecken sich tagsüber in der Erde und kommen nachts heraus, um auf Futtersuche zu gehen.

Du siehst sie in der Dämmerung.

Hausmutter

• fliegt an Sommerabenden häufig gegen hell erleuchtete Fenster
• knallgelbe Hinterflügel

Nach Einbruch der Dunkelheit besucht die Hausmutter viele **nektar**reiche Pflanzen im Garten. Die Weibchen legen ihre Eier in großen Gruppen auf Pflanzen ab.

Du siehst sie zwischen Juni und Oktober, aber am häufigsten im August.

Gammaeule

• Motte, die man auch tagsüber zu sehen bekommt
• silberne Flügelmarkierungen in Form des Buchstabens Gamma aus dem griechischen Alphabet

Die meisten Gammaeulen fliegen aus dem südlichen Europa ein. Ihre Raupen fressen viele verschiedene Pflanzen, überleben unsere kalten Winter aber meist nicht.

Schlehen-Federgeistchen

- reinweiß
- Flügel zerfranst, ähneln Federn

Die Raupen des Schlehen-Federgeistchens ernähren sich von Zaunwinden, einem Unkraut, das viele Gärtner gar nicht gern in ihrem Garten haben.

Du siehst die Motte im Juni und Juli.

HAST DU DAS GEWUSST?

Schlehen-Federgeistchen und Nesselzünsler sind Mikro-Motten. Das bedeutet, dass sie in der Regel kleiner sind als die meisten anderen Motten und eher unscheinbar aussehen.

Nesselzünsler

- sieht ausgewaschen aus
- Flügel sind leicht grünlich-lila gefärbt

Der Nesselzünsler ist eines von vielen Insekten, deren Raupen sich von Brennnesseln ernähren. Wenn sie die Pflanze nicht gerade fressen, verstecken sie sich in den zusammengerollten Blättern.

Hummeln

Eine große, pelzige Hummelkönigin, die gerade aus ihrem **Winterschlaf** aufgewacht ist, macht einen sonnigen Frühlingstag noch schöner. Einmal wach, besteht die erste Aufgabe der Königin darin, sich mit **Nektar** vollzusaugen. Dann sucht sie nach einem Platz für ihr Nest und gründet ein neues Hummelvolk.

Helle Erdhummel

Die Königin der Hellen Erdhummeln ist eine der ersten Hummeln, die im Frühjahr aufwacht. Sie ist häufig in unseren Gärten zu sehen und arbeitet sich dort durch eine ganze Reihe von Blumen. Helle Erdhummeln haben recht kurze Zungen, daher können sie den **Nektar** von Blumen mit langen Blütenkelchen nicht erreichen. Aber sie behelfen sich dadurch, dass sie ein Loch in das Unterteil dieser Blüten „bohren", damit sie den **Nektar** „herausschmuggeln" können.

gelbe Streifen am **Brustabschnitt**

gelbe Streifen am **Hinterleib**

weiße Spitze

Dunkle Erdhummel

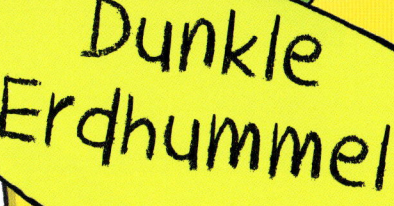

Die gelben Streifen der Dunklen Erdhummeln sehen denen der Hellen Erdhummeln sehr ähnlich, aber – der Name sagt es schon – sie haben eine dunklere Spitze am **Hinterleib**. Wie ihre helleren Cousinen haben diese Hummeln die Angewohnheit, **Nektar** aus Blüten zu stehlen. Ihre großen, unterirdischen Nester können über 300 Arbeiterhummeln fassen!

Steinhummel

Steinhummeln sind ab Mitte März auf der Suche nach einem Nistplatz. Sie müssen aber auf der Hut sein, denn manchmal werden ihre Nester im späten Frühling von der ähnlich aussehenden Kuckuckshummel übernommen. Die Königin der Kuckuckshummeln tötet die Königin der Steinhummeln und zwingt dann die Arbeiterhummeln ihrer Vorgängerin dazu, sich um die Kuckuckshummel-**Larven** zu kümmern!

rote Spitze am Hinterleib

Ackerhummel

rotbraun und schwarz

Die Ackerhummel sammelt Moos und getrocknetes Gras, um ihr Nest bequemer zu machen. Diese Hummeln haben lange Zungen und manchmal siehst du vielleicht, wie sie in den Blüten des Fingerhuts verschwinden, um den **Nektar** direkt am Kelchboden zu sammeln. Ackerhummeln bauen ziemlich kleine Nester, die meist nicht mehr als 100 Arbeiterhummeln fassen.

Wespen und Honigbienen

Sowohl Wespen als auch Honigbienen sind sehr gesellige Insekten und leben immer in großen Gruppen zusammen. Beide haben gelbe und schwarze Streifen, die als Warnung dienen und anderen sagen: „Lass mich in Ruhe!" Wenn du die Warnung ignorierst, wirst du vielleicht gestochen. Aber hier enden die Gemeinsamkeiten auch schon.

Gemeine Wespen und Deutsche Wespen

Diese beiden Wespenarten sind in den meisten Gärten zu finden und sehen sich sehr ähnlich. Die Königinnen wachen jeweils im Frühling auf und fangen dann mit dem Nestbau an. Sie zerkauen Holz, das sie aus verfallenen Bäumen oder alten Gartenzäunen herauskratzen, und mischen es mit ihrem Speichel zu einer Art Papier. Daraus bauen sie dann ihr rundes Nest, entweder unter der Erde, auf einem Dachboden oder in Bäumen und Sträuchern.

Im Innern des Nests legt die Königin ihre Eier ab, aus denen dann die ersten Arbeiterinnen schlüpfen. Diese bauen das Nest fertig und füttern die neuen **Larven**. Die Arbeiterinnen ernähren sich von **Nektar**, und wenn du jemals bei einer Grillparty oder einem Picknick gewesen bist, wirst du wissen, dass Wespen auch von Obst und zuckerhaltigen Getränken magisch angezogen werden. Die neuen **Larven** bekommen jedoch ein besonderes Futter, damit sie schnell größer werden: Sie werden mit zerkauten Insekten gefüttert, die von ihren älteren Schwestern im Garten gesammelt werden. Wespen sind daher so etwas wie eine Putztruppe, die in deinem Garten für Ordnung sorgt!

HAST DU DAS GEWUSST?

Wespen können so oft stechen, wie sie möchten, aber Bienen haben nur einen Stachel mit einem Widerhaken. Daher können sie dich nur einmal stechen und sterben danach.

Hornisse

Die Hornisse ist die größte Wespenart und kann kräftig austeilen, wenn man sie ärgert! Sie nistet häufig in hohlen Bäumen. Die **Larven** werden von bis zu 900 Arbeiterinnen mit Fliegen und anderen Insekten gefüttert, die im Garten gesammelt werden. Im Sommer, wenn die Arbeiterinnen nach und nach sterben, **paaren** sich die neuen Königinnen mit männlichen Hornissen und fallen dann in den **Winterschlaf**.

Huch! Wir sollten sie lieber nicht ärgern ...

Honigbiene

Wenn du Honigbienen in deinem Garten entdeckst, bedeutet das vermutlich, dass jemand im Umkreis von einigen Kilometern Bienen hält. Es ist schon Tausende Jahre her, dass Menschen angefangen haben, Honigbienen zu halten. Ein Bienenstock kann über 50.000 Arbeiterbienen fassen, über die eine einzige Königin herrscht. Honigbienen sind Experten darin, Futter zu finden, und sie sammeln **Nektar** und **Pollen** von vielen verschiedenen Blumen, um sich und die **Larven** im Bienenstock zu ernähren. Honigbienen sind wichtige Insekten im Garten und in der freien Natur, da sie viele Obstbäume, Gemüsesorten und Nutzpflanzen **bestäuben**.

Solitärbienen

Nicht alle Bienen sind so gesellig wie die Honigbiene. Viele Bienenarten sind am liebsten allein; diese Bienen werden Solitärbienen genannt.

Rotpelzige Sandbiene

Winzige Erdhügel auf deinem Rasen können nur eines bedeuten – in deinem Garten wohnen Sandbienen! Die Rotpelzige Sandbiene gehört zu den am häufigsten vorkommenden Sandbienen. Die rötlich gefärbten Weibchen graben Gänge und legen dann eine kleine Anzahl Eier darin ab. Außerdem hinterlassen sie eine Paste aus **Nektar** und **Pollen**, damit die hungrigen **Larven** etwas zu fressen haben, wenn sie geschlüpft sind.

Blattschneiderbiene

Wenn du bei deinen Rosen halbkreisförmige Löcher am Blattrand findest, waren das sehr wahrscheinlich Blattschneiderbienen. Die weiblichen Blattschneiderbienen schneiden Teile des Blatts ab und rollen sie dann zusammen, um sie in ihren Nistgang transportieren zu können. Die Blattstücke werden zum Auskleiden des Nestes und als „Tür" für die **Brut**zellen mit den **Larven** verwendet. Wenn die **Larven** geschlüpft sind, fressen sie die Blattstücke, bevor sie schließlich als fertige Insekten das Nest verlassen.

Rote Mauerbiene

Rote Mauerbienen sind wichtig, da sie viele Gartenpflanzen **bestäuben**. Die weibliche Biene sammelt **Pollen** in einer Art Korb an ihrem **Hinterleib** und bringt sie zu einem Loch in einer Wand oder einem Baumstumpf. Dann legt sie etwa zehn Eier in jeden Gang und lässt eine Mischung aus **Pollen** und **Nektar** zurück, die die **Larven** nach dem Schlüpfen fressen. Die Gänge werden mit Erde verschlossen, die die weibliche Biene mithilfe spezieller Hörner an ihrem Kopf verdichtet.

Halbflügler

glänzende Flügel

Wald-Blumenwanze

Die Wald-Blumenwanze frisst grüne Blattläuse und Spinnmilben, die beide zu den Gartenschädlingen zählen. Wald-Blumenwanzen sind daher Insekten, über die sich jeder Gärtner freuen sollte. Diese Wanze erkennst du an ihren glänzenden Flügeln und dem schwarzen Schild, der einen Großteil ihres Körpers bedeckt.

schwarzer Schild

Blattlaus

Die grünen Blattläuse saugen Pflanzensaft aus und sind daher vermutlich der ärgste Feind für jeden Gärtner. Auf Rosen fühlen sich Blattläuse ganz besonders wohl. Sie benutzen ihren Saugapparat, um die zuckerhaltigen Säfte anzuzapfen. Wenn Blattläuse genug zu fressen haben, können sie sich unglaublich schnell vermehren.

Wiesen-Schaumzikade

Die **Nymphen** dieses Insekts produzieren „Kuckucksspeichel". Wiesenschaumzikaden finden sich häufig im Frühling auf Gräsern oder anderen Pflanzen. Die **Nymphen** erzeugen den „Speichel", indem sie Luft mit einer **Substanz** mischen, die sie in ihren Körpern herstellen, und benutzen ihn, um sich vor **Räubern** zu verstecken. Ausgewachsene Wiesenschaumzikaden gehören zu den besten Weitspringern im Tierreich. Sie können mit ihren kräftigen Beinen bis zu 70 Zentimeter weit hüpfen!

Käfer und Marienkäfer

Siebenpunkt-Marienkäfer

Siebenpunkt-Marienkäfer haben drei schwarze Punkte auf jeder Flügeldecke und einen siebten Punkt, der genau in der Mitte zwischen den beiden Flügeldecken sitzt. Die Weibchen legen ihre kleinen gelben Eier in Gruppen an Pflanzen ab, auf denen ihr Lieblingsfutter – Blattläuse – lebt. Die sechsbeinigen **Larven** des Marienkäfers haben überhaupt keine Ähnlichkeit mit den ausgewachsenen Käfern, aber sowohl **Larven** als auch ausgewachsene Marienkäfer sind wahre Blattlausfressmaschinen! Da Blattläuse Pflanzenschädlinge sind, begrüßen Gärtner jeden Marienkäfer in ihrem Garten einzeln. Diese Käfer geben sich viel Mühe, um deine Pflanzen in Topform zu halten!

HAST DU DAS GEWUSST?

Die bunten Marienkäfer sind wichtige **Räuber** für viele lästige Gartenschädlinge und werden oft auch Glückskäfer genannt.

Zweipunkt-Marienkäfer

Zweipunkt-Marienkäfer haben auf jeder roten Flügeldecke einen schwarzen Punkt. Sie fressen Blattläuse zum Frühstück, zum Mittagessen und zum Abendessen! Die ausgewachsenen Marienkäfer halten ihren **Winterschlaf** häufig gemeinsam und manchmal findest du große Gruppen von ihnen in Scheunen oder unter der Rinde von Bäumen.

Die Larven der Lilienhähnchen verstecken sich unter ihrem Kot!

Lilienhähnchen

Für Gärtner, die gerne Lilien pflanzen, kann dieser Käfer eine ausgesprochene Nervensäge sein. Im Frühjahr legen die leuchtend roten Weibchen jede Menge Eier auf Lilienblätter und -stiele. Wenn die Larven geschlüpft sind, schützen sie sich vor Räubern, indem sie sich selbst mit ihrem schleimigen Kot bedecken! Wenn du versuchst, ein ausgewachsenes Lilienhähnchen in die Hand zu nehmen, gibt es eine Art Zirpen von sich. Sowohl die Larven als auch die ausgewachsenen Lilienhähnchen fressen Lilien und können erheblichen Schaden unter deinen Lilienpflanzen anrichten.

Goldleiste

Die violett schimmernde Goldleiste ist ein schlanker, fieser **Räuber**. Sie versteckt sich bei Tag unter Holzscheiten oder toten Blättern und geht nachts auf die Jagd. Die Goldleiste ist sehr flink und kann langsamere Insekten mühelos erwischen. Die Weibchen legen ihre Eier in die Erde, und wenn die **Larven** geschlüpft sind, gehen auch diese auf die Jagd.

Fliegen

Eine große Gruppe von Insekten mit zahlreichen verschiedenen Arten. In deinem Garten findest du jede Menge von ihnen.

Schnake

Eine ausgewachsene Schnake hat nur eine einzige Aufgabe, bevor sie stirbt – sie muss sich **paaren**. Daher leben Schnaken selten länger als ein paar Wochen. Sie sehen aus wie zu groß geratene Moskitos, sind aber völlig harmlos für den Menschen und stechen nicht. Die **Larven** der Schnaken können großen Schaden im Garten anrichten, da sie sich von Pflanzenwurzeln ernähren.

Märzfliege

Die Männchen dieser auch Markusfliege genannten Art sind aufgrund ihrer langen Beine leicht zu identifizieren. Die **Larven** fressen bis um den 25. April (Markustag) herum in der Erde und kommen dann ausgewachsen an die Erdoberfläche.

Wollschweber

Man kann einen Wollschweber durchaus mit einer Biene verwechseln, aber genau genommen ist er eine harmlose Fliege. Wollschweber sieht man an den ersten warmen Frühlingstagen, wenn sie **Nektar** von Blumen, wie zum Beispiel Schlüsselblumen, sammeln. Sie haben einen behaarten Körper und einen langen, spitzen **Rüssel**.

Hainschwebfliege

Wenn du eine Schwebfliege in deinem Garten siehst, handelt es sich dabei meist um eine Hainschwebfliege. Sie tut zwar so, als wäre sie eine Wespe oder Biene, um **Räuber** abzuschrecken, aber sie kann gar nicht stechen. Die Hainschwebfliege **bestäubt** viele verschiedene Blumenarten und ihre **Larven** helfen dem Gärtner, da sie Blattläuse fressen.

Schmeißfliege

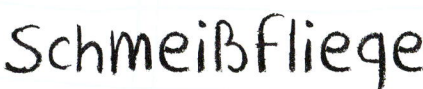

Eine Schmeißfliege erkennst du an ihrem blau schimmernden Körper. Schmeißfliegen gelten als schmutzig, aber sie haben eine wichtige Aufgabe: Ihre **Larven** (auch Maden genannt) zerlegen und verwerten tote Tiere. Nachdem sich die Maden einige Tage von einem verwesenden Körper ernährt haben, kriechen sie davon und bilden einen **Kokon** in der Erde, um sich in ausgewachsene Fliegen zu verwandeln.

Stachelbeerblattwespe

Stachelbeerblattwespen sind eigentlich gar keine Fliegen, sondern mit Bienen und Wespen verwandt. Man sieht sie nicht sehr oft herumschwirren, außer in Gärten mit Stachelbeeren. Die **Larven** dieser Art können aus einem Stachelbeerbusch sehr schnell ein kahles Gerippe machen. Die Stachelbeerblattwespe kann bis zu dreimal im Jahr **brüten**, daher haben die armen Stachelbeerbüsche kaum eine Chance, sich wieder zu erholen!

Schnecken

Viele Gärtner können Schnecken nicht ausstehen, da diese sich von Pflanzen ernähren. Aber sie gehen Gärtnern auch zur Hand, indem sie verrottende Blätter und tote Tiere zerkleinern. Schnecken sind gute Futterquellen für die Vögel, **Amphibien** und **Säugetiere**, die in unserem Garten zu Gast sind.

Gartenwegschnecke

Auf dem Rücken der kleinen dunkelgrauen Gartenwegschnecke verlaufen zwei dunkle Längsstreifen, die Unterseite ist orangegelb. Diese Nacktschnecke ist ganz versessen auf deine Pflanzen und greift von oben und von unten an: Sie mag Salatblätter und Erdbeeren und unter der Erde stürzt sie sich auf Kartoffeln, Karotten und Rote Bete.

Schwarze Wegschnecke

Sie gehört zu den am häufigsten vorkommenden Nacktschnecken. Die Schnecke sondert einen klebrigen Schleim ab, der ihr bei der Fortbewegung hilft und eine silbern glänzende Spur im Garten hinterlässt. Bei Gefahr rollt sie sich sofort zusammen. Sie frisst gern verrottende Pflanzen, Kot und tote Tiere!

Hainbänder-schnecke

Die meisten Hainbänderschnecken in deinem Garten haben Gehäuse mit schwarzen und gelben Bändern (oder Streifen). Du findest aber auch andere Farben – einheitlich gelb, hellbraun oder sogar rosa! Egal, was für eine Farbe das Schneckenhaus hat, du weißt immer, dass du eine Hainbänderschnecke vor dir hast, wenn du den braunen Rand an der Öffnung des Gehäuses siehst.

Genetzte Ackerschnecke

Die meist hellgrauen Genetzten Ackerschnecken werden nur etwa fünf Zentimeter lang. Vom Schwanz aus zieht sich eine Art Netz aus dunklen Flecken über ihren Rücken. Diese Schnecken verstecken sich tagsüber unter Blättern und Steinen und kriechen nachts hervor, um Pflanzen anzuknabbern!

Weinberg-schnecke

Diese Schnecken finden sich häufig in Grüppchen unter Blumentöpfen. Sie haben ein braunes Gehäuse mit einem Muster aus dunklen Linien. Die Pflanzen in deinem Garten, sowohl Gemüse als auch Blumen, sind für sie ein Festmahl!

Spinnen und Weberknechte

In einem Garten mit vielen Pflanzen wirst du jede Menge dieser achtbeinigen **Räuber** sehen. Es gibt unzählige Spinnenarten und sehr viele davon sind regelmäßige Besucher im Garten.

Gartenkreuzspinne

Die feingliedrigen Netze der Gartenkreuzspinnen findest du an Sträuchern, Zäunen oder Mauern. Die Weibchen dieser Spinnenart sind viel größer als die Männchen und haben ein kreuzförmiges Muster aus weißen Punkten und ovalen Flecken auf dem **Hinterleib**. Diese Spinnen fangen ihre **Beute**, indem sie Klebtropfen auf ihrem Netz verteilen. Dann **lähmen** sie die auf dem Kleber gefangenen Insekten mit ihrem **Gift** und wickeln sie in Seide ein, damit sie sie später fressen können!

Veränderliche Krabbenspinne

Die Weibchen dieser Spinnenart benutzen kein Netz, um ihr Abendessen zu fangen. Sie greifen zu einem anderen Mittel: **Tarnung**. Die Veränderliche Krabbenspinne kann ihre Farbe wechseln, von Weiß bis zu Gelb oder Hellgrün, je nachdem, wo sie gerade jagt. Sie sucht sich eine Stelle aus und bleibt dann vollkommen reglos sitzen, während sie ihre Vorderbeine in die Höhe reckt und ausbreitet. Wenn eine Schwebfliege oder Biene das Pech hat, in ihre Nähe zu kommen, packt die Spinne zu!

Zebraspringspinne

Die Zebraspringspinne benutzt zum Jagen ebenfalls kein Netz – stattdessen verlässt sie sich auf ihr ausgezeichnetes Sehvermögen und ihre verblüffende Schnelligkeit und Sprungkraft. Mit ihren kräftigen Hinterbeinen stürzt sie sich auf ihre **Beute**. Und dann packt sie das Opfer mit den Vorderbeinen. Diese Spinne liebt warmes Wetter, daher wirst du den gestreiften **Räuber** vor allem dann sehen, wenn er sich im Frühling oder Sommer auf Mauern oder Zäunen sonnt.

Weberknecht

Die meisten Weberknechte findest du im Herbst um die Erntezeit herum in deinem Garten! Weberknechte haben viel längere Beine und einen kleineren, runderen Körper als Spinnen und fangen ihre **Beute** ohne Spinnfäden oder **Gift**. Das zweite Beinpaar des Weberknechts ist am längsten und er benutzt es, um nach **Beute** zu tasten. Wenn er ein Opfer gefunden hat, packt er es mit seinen Klauen am Kopf und saugt es aus!

Ohrwürmer und Florfliegen

Gemeiner Ohrwurm

Einen Ohrwurm erkennst du an seinen Zangen. Er ist bei Gärtnern nicht unbedingt beliebt, da er gern Blüten und junge Blätter anknabbert. Da er nachtaktiv ist, versteckt er sich am Tag unter Holzscheiten und Steinen. Gemeine Ohrwürmer können zwar fliegen, aber sehr viel häufiger siehst du diese Tiere am Boden herumkrabbeln.

Weibliche Ohrwürmer legen ihre Eier im Frühling, nachdem sie den Winter in der Erde verbracht haben. Im Gegensatz zu anderen Insekten sind Ohrwürmer liebevolle Mütter. Sie kümmern sich um ihre Eier, beschützen sie vor **Räubern** und putzen sie, damit sie gesund bleiben. Wenn die **Nymphen** schlüpfen, sehen sie aus wie eine Miniversion ihrer Eltern. Ihre Mütter sorgen für sie, bis sie alt genug sind, um das Nest zu verlassen.

Gemeine Florfliege

Die Gemeine Florfliege hat einen hellgrünen Körper und große, durchsichtige Flügel. Jeder Gärtner freut sich über sie, denn sowohl die ausgewachsenen Exemplare als auch die **Larven** fressen gern Blattläuse, deshalb sind sie eine große Hilfe bei der Rosenpflege! Gemeine Florfliegen halten in der kalten Jahreszeit **Winterschlaf**. Wenn sie im Frühjahr aufwachen, legen die Weibchen bis zu 500 Eier, entweder einzeln oder in Bündeln auf Pflanzenstielen. Daraus schlüpfen struppig aussehende **Larven**, die nur eines im Sinn haben – Läuse fressen!

HAST DU DAS GEWUSST?

Die **Larven** der Florfliegen sind das Lieblingsfutter von Vögeln wie Blaumeisen, aber sie haben eine super Methode, um sich zu verstecken: Wenn die **Larven** eine Blattlaus ausgesaugt haben, kleben sie sich die Überreste zur **Tarnung** auf den Rücken.

Wildnis willkommen!

Die besten Tipps

1 Bitte deine Eltern, ein kleines Stück Rasen nicht zu mähen, und warte ab, was dort aus dem Boden schießt. Nur so haben Pflanzen wie Gänseblümchen, Löwenzahn und Gräser eine Chance zu wachsen. Dieses üppige **Habitat** ist das perfekte Jagdgebiet für Igel und für Motten und Schmetterlinge ein guter Platz, um ihre Eier zu legen.

2 Versuche, viele verschiedene Blütenpflanzen zu setzen, damit von den ersten warmen Frühlingstagen bis zum Herbst stets etwas blüht. Dann werden immer irgendwo Insekten herumschwirren und bei deinen Blumen nach **Nektar** und **Pollen** suchen.

3 Such dir Pflanzen aus, die viel **Pollen** und **Nektar** liefern. In Gartencentern sind diese wildtierfreundlichen Pflanzen manchmal mit einem Bienensymbol gekennzeichnet.

4 Streu keine Schneckenkörner in deinem Garten. Die Schneckenkörner lösen sich nur langsam auf und können Vögel vergiften, die Schnecken fressen, beispielsweise Amseln und Drosseln. Bierfallen, zerstoßene Eierschalen und Kupferbänder sind umweltfreundliche Methoden, um Schnecken von deinen Pflanzen fernzuhalten.

5 Mach dir keine Sorgen, wenn deine Pflanzen angeknabbert werden! Blattfressende Insekten sind wichtig für die Tier- und Pflanzenwelt in deinem Garten. Ohne sie gäbe es viel weniger Spinnen, Käfer, Vögel, **Säugetiere**, **Amphibien** und **Reptilien**.

Wildtierfreundliche Pflanzen

Zehn tolle Pflanzen für das Blumenbeet:

- Storchschnabel
- Fingerhut
- Christrosen
- Gemeiner Baldrian
- Lavendel
- Lungenkraut
- Salbei
- Thymian
- Goldlack
- Eisenkraut

Fünf tolle Unkräuter für den Rasen:

- Klee
- Gänseblümchen
- Löwenzahn
- Braunelle
- Schafgarbe

Fünf tolle Obst- und Gemüsepflanzen:

- Rote, Weiße oder Schwarze Johannisbeeren
- Himbeeren
- Ackerbohnen
- Kohl
- Stangenbohnen

Denk daran: Ich kann dir auch dabei helfen, Schnecken loszuwerden!

Bäume, Sträucher und Hecken

Waldgebiete gehören zu den abwechslungsreichsten **Habitaten** für Wildtiere. Wenn du in deinem Garten Platz für Bäume und Sträucher hast, verleiht ihm das eine ganz neue Dimension – es verwandelt ihn von einem Bungalow in ein Mehrfamilienhaus!

Bäume und Sträucher liefern ungeheure Futtermengen für Wildtiere. Millionen Blätter, Blumen, Früchte oder Nüsse, die man im Wald findet, oder das Holz selbst – hier findet jedes Tier etwas nach seinem Geschmack. Eine einzige Eiche bietet genug Nahrung für viele Tausend Insekten, Raupen und Spinnen. Und diese kleinen Arten wiederum sind das Futter für Waldvögel und **Säugetiere**.

Außerdem bieten Risse in der Baumrinde und Löcher in den Baumstämmen Schutz für viele Waldbewohner. Einige Tiere verbringen ihr ganzes Leben in diesen verwinkelten Ecken, während andere sie nur als sicheren Ort für die Aufzucht ihrer Jungen nutzen. Die Rinde eines Baums ist auch Lebensraum für Moose und **Flechten**, während die **Krone** als Pfad für Eichhörnchen dient.

Der Bereich unter den Bäumen, der Waldboden, ist ein weiteres wichtiges **Habitat** für Wildtiere. Die Blumen, die blühen, bevor am Baum Blätter sprießen, liefern **Nektar** und **Pollen**, die für viele Insekten lebensnotwendig sind, wenn sie aus dem **Winterschlaf** aufwachen. Und ist es dann so weit und die Blätter der Bäume öffnen sich, sorgen sie für den Schatten, den viele Tiere brauchen.

Ich zeige dir, wer hier lebt!

Dachs

Der Dachs wagt sich erst bei Einbruch der Dämmerung aus seinem Bau, daher ist es kein Wunder, wenn man ihn nicht oft zu Gesicht bekommt. Aufgrund der schwarz-weißen Zeichnung des Kopfes lässt sich der Dachs problemlos erkennen.

Ein Haus für die Familie

Dachse sind gesellige Tiere und bilden häufig Familien, die aus fünf bis zehn Tieren bestehen. Sie verbringen einen großen Teil ihres Lebens unter der Erde, in einem Dachsbau, den sie oft im Wald oder in dessen Nähe anlegen. Ein Bau besteht aus unzähligen Gängen und Schlafkammern, die sogar auf mehreren Ebenen liegen. Dachse graben ihren Bau mithilfe ihrer kräftigen Vorderpfoten und Klauen. Viele Bauten werden seit mehreren Generationen bewohnt. Dachse arbeiten ständig an ihrem Zuhause: Sie vergrößern es, legen neue Eingänge an und machen sogar regelmäßig Frühjahrsputz!

Saftige Würmer!

Dachse vertilgen alles, angefangen bei Früchten und Käfern über tote Tiere bis hin zu Hundefutter, aber ihr Lieblingsfressen sind Regenwürmer. Die Würmer in deinem Rasen und den Blumenbeeten machen deinen Garten zu einem beliebten Platz bei Dachsen! Sie spüren die Würmer mit ihrem unglaublich guten Geruchssinn auf, der 800-mal besser als die Nase eines Menschen ist! Wenn der Dachs einen Wurm gefunden hat, gräbt er ihn mit seinen kräftigen Vorderpfoten und Klauen aus – Gartenchaos vorprogrammiert!

Grauhörnchen

Grauhörnchen gibt es in Europa nur in Großbritannien und Norditalien. In Großbritannien haben sie die Eichhörnchen inzwischen fast völlig verdrängt, doch auf dem europäischen Festland ist das Rote Eichhörnchen nach wie vor die am weitesten verbreitete Hörnchenart.

Grauhörnchen

Grauhörnchen stammen ursprünglich aus den Wäldern Nordamerikas und wurden vor etwa 130 Jahren auf die Britischen Inseln gebracht, wo sie sich stark vermehrt und in Parks und Gärten angesiedelt haben. Diese Hörnchen können fast überall leben; eigentlich brauchen sie nur ein paar Bäume, damit sie sich in Sicherheit bringen können, wenn Gefahr droht.

Das ist aber frech!

Manche Leute mögen Grauhörnchen nicht, weil sie die Rinde von Bäumen schälen und eine schlimme Krankheit an die **einheimischen** Roten Eichhörnchen weitergeben. Aber über das freche Verhalten dieser putzigen Tierchen kann man sich auch amüsieren. Wenn die Grauhörnchen über Wäscheleinen laufen, von Baum zu Baum springen und sich ihre Backen mit Körnern aus dem Futterhäuschen für die Vögel vollstopfen, ist das unterhaltsamer als Fernsehen!

Hör auf, mein Abendessen zu klauen!

Rotes Eichhörnchen

Bei uns sind die **einheimischen** Roten Eichhörnchen häufige Besucher im Garten. In Großbritannien wurden sie jedoch von den Grauhörnchen verdrängt, weil diese amerikanischen **Eindringlinge** eine tödliche Krankheit ins Land gebracht haben. Auf den Britischen Inseln leben Eichhörnchen inzwischen nur noch in wenigen entlegenen Regionen, in denen es keine Grauhörnchen gibt.

Rote Eichhörnchen sind kleiner als ihre amerikanischen Verwandten, haben ein rötlich braunes Fell und Haarbüschel an den Ohren. Wenn du sie in deinen Garten locken möchtest, kannst du in einem Vogelhäuschen Futter für sie auslegen. Mit etwas Glück verlassen die Eichhörnchen dann ihre Bäume und machen sich über die angebotenen Leckereien her.

Hirsche

Hirsche haben bei uns praktisch keine natürlichen **Feinde**, die ihren Bestand reduzieren würden, daher begeben sich diese Tiere immer öfter in unsere Nähe. Sie werden von den Köstlichkeiten angelockt, die in unseren Gärten angebaut werden. Die hier vorgestellten Hirscharten kommen aus sehr unterschiedlichen Regionen.

Reh

Die eleganten Rehe gehören zu den kleineren Hirscharten und sind meist in der Morgen- und Abenddämmerung unterwegs. Die Männchen (Rehböcke) lassen sich leicht an ihren kurzen Geweihsprossen erkennen, die sie im Kampf um die Weibchen (Rehkühe) und auch zur Verteidigung ihres **Re-viers** gegen andere Böcke einsetzen. Rehe **paaren** sich im Sommer, aber die Weibchen bekommen ihre Babys erst im darauffolgenden Frühling.

Leckeeeer!

Leckere Blätter!

Rehe fressen gern Blätter, daher ist es keine Überraschung, dass sie sich in viele ländlich gelegene Gärten wagen. In der Regel kommen sie, wenn du schläfst, und verraten ihren Besuch am nächsten Morgen durch angefressene Pflanzen, Hufabdrücke und ihren glänzenden schwarzen Kot.

Muntjak

Muntjaks kommen ursprünglich aus Asien. Vor über 100 Jahren wurden einige dieser Zwerghirsche auf ein Landgut im englischen Bedfordshire gebracht – und es dauerte nicht lange, bis sie entwischten! Einmal in Freiheit, haben sie sich kräftig vermehrt und sind inzwischen in Südengland und Wales heimisch geworden. Man geht davon aus, dass sie sich auch bald in anderen europäischen Regionen ansiedeln werden.

Blumenfresser

Muntjaks sind sehr klein – kaum höher als ein mittelgroßer Hund. Dass sie in England so schnell heimisch geworden sind, liegt unter anderem daran, dass sie keine großen Ansprüche an ihr Futter stellen – wenn es grün ist, wird es gefressen (sehr zum Missfallen mancher Gärtner)! Außerdem können sie fast zu jeder Jahreszeit Junge bekommen und sich daher rasch vermehren. Genau wie Rehe sind Muntjaks in der Morgen- und Abenddämmerung am aktivsten.

Aufgepasst – die fressen alles, was grün ist!

Mäuse

Hallo!

Mäuse übersieht man leicht, da sie so klein und scheu sind, aber sie kommen sehr häufig in unseren Gärten vor. Dort gibt es jede Menge Futter für sie: Nüsse, Früchte, Insekten und Schnecken. Außerdem finden Mäuse dort viele Verstecke für sich und ihre Jungen. Es wäre also schon ungewöhnlich, wenn in deinem Garten nicht mindestens eine Maus wohnen würde!

Hat da jemand „Futter" gesagt?

Waldmaus

Eine Waldmaus erkennt man an dem warmen Braunton ihres Fells, den großen Ohren, glänzenden Augen und dem langen Schwanz. Diese Mäuse zählen zu den am häufigsten vorkommenden **Säugetieren**. Ein Weibchen bringt zwischen Frühling und Herbst bis zu 20 Junge zur Welt, bis zum Ende des Sommers gibt es über hundert Millionen von ihnen. Waldmäuse können wegen ihrer langen Hinterbeine ausgesprochen gut springen und sind nachtaktiv, weil sie auf diese Weise viele hungrige **Räuber** vermeiden.

Gelbhalsmaus

Gelbhalsmäuse sehen Waldmäusen sehr ähnlich, sind jedoch etwas größer als ihre Verwandten. Wie der Name schon andeutet, zieht sich zwischen ihren Vorderpfoten ein gelbes Band bis zu ihrem Hals, was den Eindruck erweckt, dass sie dringend ein Bad nötig haben! Die Gelbhalsmaus fühlt sich im Wald am wohlsten, wagt sich im Winter aber auch in Gärten.

Hausmaus

Die Hausmaus wurde vor mehreren tausend Jahren in Europa ansässig und stammt wohl ursprünglich aus Indien. Und heute lebt sie nicht nur in unseren schönen warmen Häusern! In den Sommermonaten sind unsere Gärten genauso attraktiv für diese anpassungsfähigen und zähen Tierchen. Hausmäuse sind kleiner und grauer als Waldmäuse. Häufig erkennt man am starken Geruch, dass man Hausmäuse als Mitbewohner hat. In der letzten Zeit ist ihre Zahl stark gesunken, da wir immer weniger Lebensmittel und Abfall herumliegen lassen, die diesen Mäusen als Futterquelle dienen können.

Vögel

Vögel sind tagsüber am aktivsten und fallen uns daher öfter ins Auge als viele andere Wildtiere. Dank des Futters, das wir für sie auslegen, können wir viele Vögel, die eigentlich im Wald zu Hause sind, im heimischen Garten beobachten.

Rotkehlchen

Das Rotkehlchen zählt mit seiner orangeroten **Brust** zu den bekanntesten und beliebtesten Vogelarten. Es verteidigt sein **Revier** – oder deinen Garten – nicht nur während der **Brutsaison**, sondern häufig das ganze Jahr über. Daher gehören Rotkehlchen zu den wenigen Vögeln, die man auch an Weihnachten singen hören kann!

Gartenfreunde

Rotkehlchen sind als „Gärtnerfreund" bekannt, da sie die Angewohnheit haben, es jedem gleichzutun, der in der Erde gräbt. Sie schnappen sich auf diese Weise Regenwürmer oder andere Tiere, die beim Umgraben an die Oberfläche befördert werden. Im Herbst und Winter wechseln Rotkehlchen von ihrem Sommerfutter, das vor allem aus Insekten, Spinnen und Raupen besteht, zu Früchten und Beeren.

Huch! Nichts wie weg hier!

Zaunkönig

Auch der Zaunkönig gehört zu den Vögeln, denen man sehr oft begegnet. Man erkennt ihn an seinem kleinen, gedrungenen Körper, dem schmalen, nach oben weisenden Schwanz und seinem hektischen Herumflattern. Wenn Zaunkönige auf der Suche nach Käfern, Spinnen, Fliegen und Raupen durch den Garten trippeln, sehen sie eher aus wie Mäuse und nicht wie Vögel.

Nestbauer

Der männliche Zaunkönig ist zwar winzig, singt aber in einer Lautstärke, die man ihm nie zutrauen würde. Das aus Blättern, Gras und Moos bestehende, kugelförmige Nest wird vom Männchen gebaut, während das Weibchen die Aufgabe hat, es mit von ihm gesammelten Federn und Haaren auszukleiden.

Hecken-braunelle

Diesen braun und grau gestreiften Vogel sieht man häufig am Boden, wo er aufgeregt mit den Flügeln zuckt. Da sich Heckenbraunellen in der Regel am Waldrand aufhalten, sind ähnlich bewachsene Gartenbereiche für sie der perfekte Ort zur Futtersuche und Aufzucht ihrer Jungen.

Familienleben

Die Heckenbraunelle besitzt ein eher unauffälliges Gefieder und sieht damit vielleicht ein bisschen langweilig aus, aber ihr Familienleben ist dafür umso interessanter. Einige **Bruten** werden von einem Männchen und einem Weibchen aufgezogen, während das bei anderen ein Männchen und zwei Weibchen oder ein Weibchen und zwei Männchen übernehmen.

Haussperling

Der Haussperling – auch Hausspatz genannt – lebt eigentlich einträchtig mit dem Menschen zusammen, in den letzten dreißig Jahren ist der Bestand aber auf eine besorgniserregende Zahl gesunken. Trotz des Rückgangs sind Haussperlinge nach wie vor häufig in Gärten zu sehen. Die Männchen der Haussperlinge haben einen grauen Fleck am Kopf und eine schwarze Stelle am Hals. Die braun gestreiften Weibchen sind sehr unauffällig.

Mehr Unordnung!

Haussperlinge nisten gern in Hausdächern - das Tschilpen der Männchen verrät dir, wo sie gerade sitzen. Ausgewachsene Tiere fressen vor allem Nüsse und Samen, aber die Küken werden mit Insekten und Raupen ernährt. Man weiß nicht genau, warum der Bestand an Haussperlingen zurückgegangen ist, aber Studien zeigen, dass sie etwas mehr Unordnung im Garten vorziehen würden!

Wintergoldhähnchen

Das Wintergoldhähnchen wiegt nur zwischen vier und sieben Gramm und gehört damit zu den kleinsten Vogelarten Europas. Die Weibchen erkennst du an dem leuchtend gelben Fleck auf ihrem Kopf, die Männchen am orangefarbenen Fleck. Wintergoldhähnchen sind ständig in Bewegung, da sie flinke Insekten, Spinnen und Raupen jagen. Sie leben am liebsten in **Koniferen**, und da diese Bäume häufig in Gärten vorkommen, besucht dich das Wintergoldhähnchen vielleicht einmal – durchaus auch mitten im Winter.

Ringeltauben und Tauben

Ringeltaube

Es gibt nur wenige Gärten, die noch keinen Besuch von den gefräßigen Ringeltauben bekommen haben. Du siehst sie zum Beispiel, wenn sie sich über den Dinkel im Vogelhäuschen hermachen. Aber sie fressen nicht nur Vogelfutter; auf ihrem Speisezettel stehen auch Früchte, Blütenknospen und sogar Kohl. Ringeltauben können das ganze Frühjahr und den Sommer über **brüten** und bekommen bis zu drei **Bruten** im Jahr.

- gewölbte Brust
- weißer Halsfleck
- weißer Halbmond auf ausgebreiteten Flügeln

Stadttaube

Stadttauben sind **Nachkommen** der wilden Felsentauben, die im Mittelmeerraum sowie in Teilen Schottlands ansässig sind. Sie haben die Klippen und Felsen ihres ursprünglichen Lebensraums gegen vom Menschen errichtete Hausdächer und Regenrinnen in den Städten eingetauscht. Stadttauben sind Experten bei der Futtersuche und viele von ihnen besuchen Gärten in den Städten, um nachzusehen, was es dort für sie zu fressen gibt. Sie werden oft als „fliegende Ratten" beschimpft, doch die Überlebenskünstler unter den Tauben führen ein faszinierendes Leben, das unseren Respekt verdient.

- kleiner als Ringeltauben
- Farbe schwankt von Reinweiß bis hin zu fast Schwarz

Türkentaube

Die Ausbreitung der ursprünglich aus Asien stammenden Türkentaube nach Europa begann in den 1930er-Jahren. Diese Vögel teilen sich ihren Lebensraum mit dem Menschen – in der Nähe von Bauernhöfen ernähren sie sich von verschüttetem Getreide, in Gärten machen sie sich über ausgelegtes Vogelfutter her. Ihr lautes, sich wiederholendes Gurren ist im Frühjahr und Sommer ein vertrautes Gartengeräusch.

- klein
- langer Schwanz mit weißer Spitze
- rosabraunes und graues Gefieder
- dünner schwarzer Streifen seitlich am Hals

Hörst du ihr Gurren?

Raubvögel

Wenn in deinem Garten Waldvögel nisten und ihre Jungen versorgen, begegnen dir vielleicht auch **Raubvögel**, die solche Vögel fressen!

Sperber

Der Sperber ist eigentlich ein **Räuber**, der kleine Waldvögel frisst. Inzwischen hat er jedoch erkannt, dass es viel einfacher ist, sich sein Futter in der Nähe von Vogelhäuschen zu suchen! Sperber gehören zu den häufigsten **Raubvögeln** in unseren Gärten. Sie sind schnell, richtige Flugkünstler und können ausgesprochen gut sehen, was sie zu perfekten fliegenden Jägern macht!

Raffinierte Taktik

Sperber nutzen den Überraschungseffekt, um ihre **Beute** zu fangen. Sie versuchen, so lange außer Sicht zu bleiben, bis sie ihre Höchstgeschwindigkeit erreicht haben, und zeigen sich dem Opfer erst im letzten Moment. So können die mit Fressen beschäftigten Vögel nicht mehr flüchten. Sperbermännchen sind kleiner, erwischen also eher kleine Kohlmeisen und Grünfinken. Die größeren Weibchen können schwerere Vögel mit mehr Fleisch jagen, z. B. Amseln, Stare und sogar Tauben.

Huch!

Puh!
Bin ich froh
um meine
Stacheln!

Waldkauz

Tagsüber verstecken sich die nachtaktiven Waldkäuze in der Regel auf einem Baum. Sie sind deshalb häufige Besucher in Gärten mit hohen Bäumen, leben aber auch problemlos in Städten. Der Waldkauz ist ziemlich laut, daher wirst du ihn vermutlich eher hören als sehen!

VORSICHT!

Mit ihrem von dunkleren und helleren Streifen durchzogenem braunen Gefieder haben Waldkäuze eine praktische **Tarnung**. In ländlichen Gegenden jagen sie vor allem kleine **Säugetiere**, in Gärten fressen sie auch oft Vögel wie Stare, Sperlinge und Amseln, nur hin und wieder ein Eichhörnchen oder eine Ratte. Waldkäuze **brüten** sehr früh im Jahr und werden ziemlich aggressiv, wenn sie ihr Nest und ihre Küken verteidigen müssen — menschliche **Eindringlinge** sollten sich in Acht nehmen!

Spechte

Buntspecht

Den Buntspecht kann man häufig dabei beobachten, wie er sich auf die kleineren Futterhäuschen stürzt und die kleineren Vögel aufscheucht. Das Gefieder des Buntspechts ist größtenteils schwarz-weiß gefärbt. Unter dem Schwanz findet sich eine dunkelrote Stelle und am Kopf ein roter Fleck, was jedoch je nach Alter und Geschlecht variieren kann. Der einzige Vogel, mit dem du einen Buntspecht verwechseln kannst, ist der erheblich kleinere und seltenere Kleinspecht.

Lange Zungen!

Diese Spechte halten sich nur sehr selten einmal am Boden auf und fühlen sich hoch oben in einem Baum am wohlsten. Manchmal hörst du ihr kurzes, hartes kick oder ein Schnabelklopfen, mit dem das Männchen am Frühlingsanfang Weibchen anlockt. Ihren Schnabel benutzen sie auch, um Käfer und deren **Larven** aus Gängen unter der Baumrinde zu holen. Insekten, die sie mit dem Schnabel nicht erreichen können, fangen sie mit ihren langen Zungen.

Grünspecht

Grünspechte sind die größten und buntesten aller Spechte und haben eine ganz besonders laute Vogelstimme. Ausgewachsene Grünspechte haben eine purpurrote Kappe, einen grünlich-grauen Oberkörper und eine leuchtend gelbe Schwanzwurzel, die wie eine Glühbirne aufleuchtet, wenn der Grünspecht flattert!

Ameisen, Ameisen, Ameisen!

Im Gegensatz zum Buntspecht verbringt der Grünspecht viel Zeit am Boden, wo er sich durch Hüpfen fortbewegt. In Gärten mit Ameisennestern fühlt er sich ganz besonders wohl. Er benutzt seine lange Zunge, um an die leckeren Eier, **Larven** und Ameisen im Innern der Nester zu gelangen! Obwohl sich Grünspechte gern erdnah aufhalten, brauchen sie trotzdem noch große Bäume, auf denen sie **brüten** und ihre Küken großziehen können ... mit Ameisenfutter natürlich!

Freche Rabenvögel

Elster

Wie alle Rabenvögel scheut die Elster den Kontakt mit Menschen, wird aber erheblich mutiger, wenn es darum geht, Futter zu finden. Sie ist bekannt dafür, dass sie die Nester anderer Vögel plündert und die Eier oder Küken darin frisst. Ebenso fängt und tötet sie kleinere **Säugetiere** – die Elster ist definitiv einer der gefährlichsten **Räuber** im Garten. Aus diesem Grund mögen manche Gärtner die Tiere nicht, obwohl es keinen Beweis gibt, dass sie am Bestandsrückgang anderer Gartenvögel schuld sind.

blaugrüner Schimmer auf dunklen Federn

blassrosa Gefieder

weiße Schwanzwurzel

blau-schwarze Bänder auf den Flügeln

Eichelhäher

Eichelhäher sind schwer zu entdecken, solange sie ganz ruhig auf einem Ast hocken. Häufig verraten sie sich nur durch ihr raues Krächzen. Wie die Elstern fressen Eichelhäher Eier und Küken anderer Vögel, außerdem Früchte, Samen und Eicheln. Wenn es genügend Futter gibt, vergraben Eichelhäher gern einen Teil davon als Vorrat, aber sie vergessen häufig, wo. Und das bedeutet, dass einige Eichenbäume vermutlich von Eichelhähern gepflanzt wurden!

Dohle

Die Dohle ist der kleinste Rabenvogel. Sie hat begriffen, dass Schornsteine nicht viel anders sind als die Löcher in den Bäumen, in die sie ihre Nester baut. Die Dohle ist der am weitesten verbreitete Rabenvogel und ihre starke Ausbreitung hängt vor allem damit zusammen, dass sie ihr Futter sowohl auf Bäumen als auch am Boden findet. Sie frisst so gut wie alles! Häufig auch das Futter, das wir für kleinere Vögel auslegen. Dohlen rücken am frühen Morgen in Gruppen an und fallen darüber her, während du noch im Bett liegst!

aschgraue Kappe

helle Augen

HAST DU DAS GEWUSST?

Eine Dohle im Garten erkennst du am tschack-tschack, das sie von sich gibt!

Baumkletterer

Kleiber

Kleiber nutzen ihre Baumkletterfähigkeiten, um im Sommer Spinnen und Käfer aufzuspüren oder im Winter nach Samen und Nüssen zu suchen. Sie sind die einzigen Vögel, die kopfüber an einem Baum nach unten klettern können. Kleiber sehen ein bisschen so aus wie kleine Spechte mit großem Kopf und haben blaugraue Federn an Rücken und Kopf, einen weißlichen Bauch und kastanienbraune Seiten. Durch die Augen des Kleibers verläuft ein schwarzer Streifen, der ihn fast wie einen Ganoven mit Maske wirken lässt!

Stubenhocker

Am einfachsten findet man einen Kleiber, wenn man seinem lauten twett-twett-twett nachgeht. Er bewegt sich nicht weit von seinem **Brut**gebiet fort, aber wenn ein Wald in der Nähe deines Gartens liegt, hast du gute Chancen, dass sich der Kleiber auch einmal von den Bäumen herunterwagt.

Waldbaumläufer

Der Waldbaumläufer macht genau das, was sein Name andeutet: Er läuft an Bäumen hoch! Dieser Vogel benutzt seinen langen, nach unten gekrümmten Schnabel, um Spinnen, Käfer und Raupen aus Ritzen in der Rinde von Bäumen herauszupicken. Er stützt sich mit seinen langen, steifen Schwanzfedern an der Rinde ab und ist wie geschaffen für ein Leben in den Bäumen.

Ab nach oben!

Waldbaumläufer klettern an Bäumen immer nur nach oben, nie nach unten. Sie fangen am unteren Ende an und bewegen sich dann spiralförmig nach oben, um eine möglichst große Fläche des Stamms nach Futter absuchen zu können. Sie untersuchen selbst die kleinsten Zweige und fliegen erst dann zum nächsten Baum weiter, wenn es nicht mehr höher hinausgeht!

Wintergäste

Unsere Winter sind zwar kalt, aber im Vergleich zu den Wintern in anderen Ländern immer noch mild! Vögel aus diesen Ländern sind im Winter regelmäßige Besucher in unseren Gärten. Sie kommen zu uns, um der Kälte zu entfliehen und die Früchte von unseren Sträuchern und Bäumen zu fressen.

Rotdrossel

Rotdrosseln sind mit unseren **einheimischen** Drosseln verwandt. In jedem Herbst kommen sie den ganzen weiten Weg von Skandinavien und Island zu uns. Sie reisen vor allem bei Nacht und geben beim Fliegen ein charakteristisches *tsiiiep* von sich.

helle Augenbrauen

rostrote Seiten

gesprenkelte **Brust**

Auf der Durchreise

Rotdrosseln sind von Natur aus sehr scheu, stets in kleinen Schwärmen unterwegs und bleiben nie lange an einem Ort. Wenn es in deinem Garten viele Bäume und Büsche mit Beeren gibt, kommen dich die Rotdrosseln vielleicht besuchen. Im Winter leben unzählige Rotdrosseln bei uns, doch im April sind sie schon wieder zum **Brüten** nach Norden geflogen.

grauer Kopf

Rücken und Flügel in Kastanien-braun

graue Unterseite

gesprenkelte Brust

Wacholderdrossel

Wacholderdrosseln sind gesellige Vögel, die viel Zeit mit ihren Artgenossen verbringen, und uns ebenfalls im Winter besuchen. Vielleicht hörst du das raue schack-schack-schack, das sie von sich geben. Wacholderdrosseln kannst du von Oktober bis April dabei beobachten, wie sie sich mit Beeren vollfressen. Wenn du Apfelbäume in deinem Garten hast, bekommst du die Vögel vielleicht auch zu Gesicht, denn sie sind ganz wild auf heruntergefallenes Obst.

rosafarbener Kamm

schwarze Kehle

Seidenschwanz

Mit ihrem auffälligen Kamm und ihrem bunten Gefieder sehen Seidenschwänze aus wie kleine Punker mit Irokesenfrisur! Die Zahl der bei uns überwinternden Seidenschwänze schwankt stark. In manchen Wintern sind es nur eine Handvoll Vögel, während in anderen Jahren Tausende kommen. Sofort nach ihrer Ankunft machen sie sich über Beeren und Früchte her – sie können jeden Tag das Doppelte bis Dreifache ihres Körpergewichts fressen!

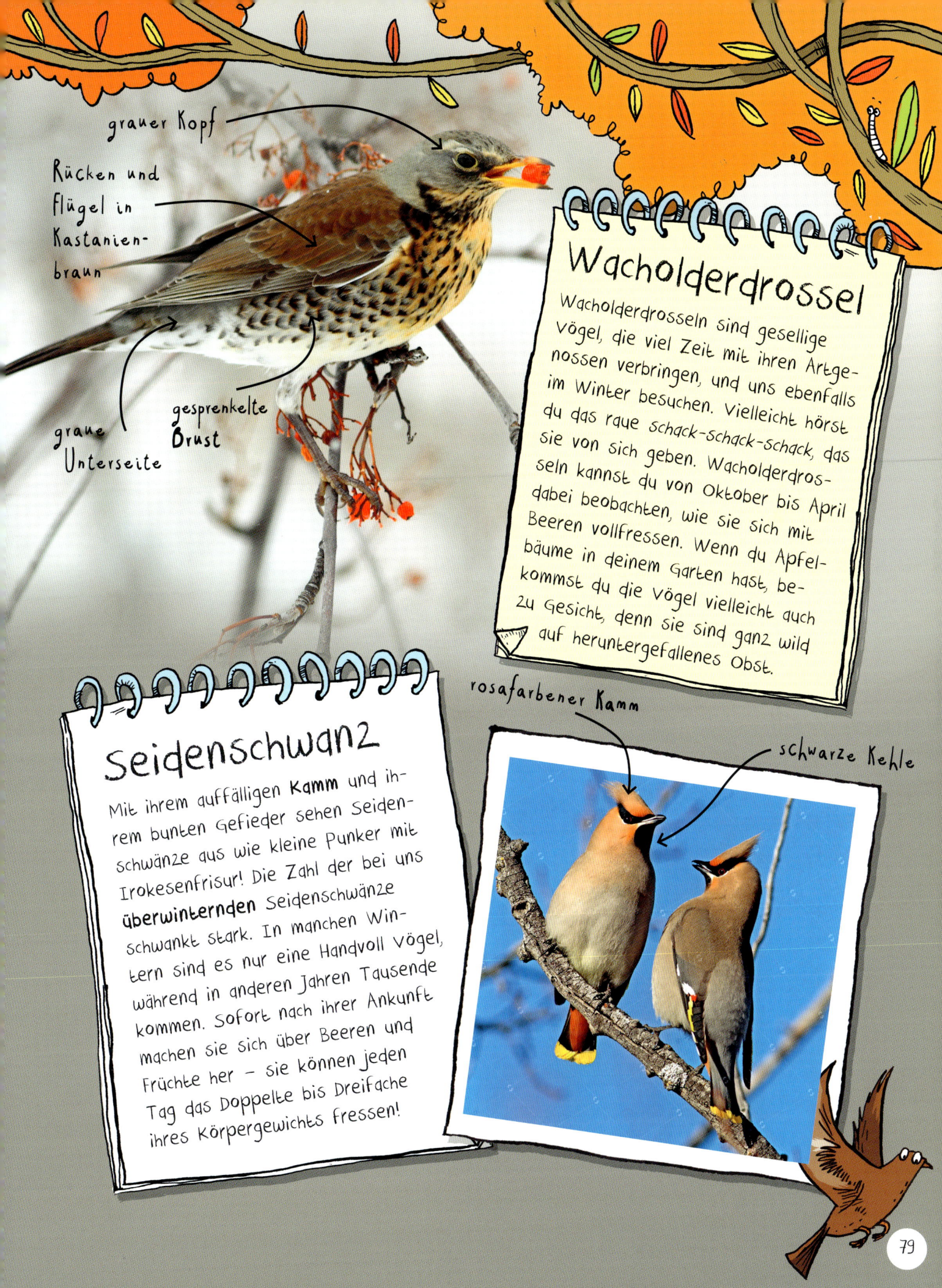

Meisen

Blaumeise

Viele Blaumeisen nisten in Gärten. Aber da natürlich entstandene Nesthöhlen nur schwer zu finden sind, freuen sich diese Vögel, wenn man ihnen Nistkästen anbietet. Blaumeisen bekommen um die zehn Küken. Eine **Brut** aus hungrigen Blaumeisenkindern kann in der Zeit vom Schlüpfen bis zum Verlassen des Nests über 10.000 Raupen fressen.

blaue Kappe, Flügel und Schwanzfedern

schwarzer „Lidstrich"

gelber Bauch

Kappe, Kragen und Kehle schwarz

weiße Kopfseiten

Kohlmeise

Die Kohlmeise ist die größte Vertreterin der Meisenfamilie. Beim Besuch von Futterhäuschen nutzt sie ihre Masse, um kleinere Vögel zur Seite zu drängen. Im Frühling hörst du sie *tschi-da, tschi-da, tschi-da* rufen. Kohlmeisenküken fressen Raupen und lernen in der Regel drei Wochen nach dem Schlüpfen fliegen. Allerdings werden sie häufig noch eine Weile länger von ihren Eltern gefüttert.

gelbe **Brust**

schwarzer Streifen

Tannenmeise

Die Tannenmeise ist die kleinste und schüchternste Meise, die du an deinem Futterhäuschen siehst. Wenn keine anderen Vögel in der Nähe sind, kommt sie kurz vorbei, schnappt sich ein paar Samen und fliegt dann zum Fressen in eine ruhige Ecke. Aber klein zu sein hat manchmal auch Vorteile. Tannenmeisen können sich kopfüber an dünne Äste hängen oder sogar wie Kolibris in der Luft schweben, um Raupen zu fangen.

weiße Streifen am Hinterkopf

klein und leicht

kleiner, runder Körper

Schwanzmeisen

Schwanzmeisen sind eigentlich gar nicht mit den anderen Mitgliedern der Meisenfamilie verwandt. Sie sind sehr zutraulich und werden meist in Schwärmen von bis zu 20 Vögeln gesichtet. Ganz besonders gern haben sie die vom Menschen ausgelegten Fettknödel, denn diese liefern jede Menge Energie, um durch den Winter zu kommen. In sehr kalten Nächten drängen sich Schwanzmeisenfamilien dicht zusammen, um es warm zu haben.

langer, schmaler Schwanz

rosa, graue, schwarze und weiße Federn

Finken

Buchfink

Der Buchfink ist neben dem Zaunkönig einer der Vögel, die bei uns am häufigsten vorkommen. Die Männchen haben eine blaugraue Kappe und eine blassrosa **Brust**, das Gefieder der Weibchen ist jedoch viel unauffälliger.

Putztruppe

Buchfinken fühlen sich überall wohl, wo es ein paar Bäume und Sträucher gibt. Wie viele kleine Vögel fressen sie im Frühling Raupen und Insekten und im Winter Samen. Du siehst sie auf dem Boden unter Futterhäuschen, wo sie das Futter aufpicken, das andere Vögel fallen gelassen haben.

Grünfink

In ländlich gelegenen Gärten sind Grünfinken im Winter recht häufig zu sehen. Sie kommen immer in Gruppen und nutzen ihre Größe, um an das beste Futter zu gelangen. Die Männchen haben moosgrünes Gefieder mit gelben Stellen auf den Flügeln und am Schwanz, die Weibchen sind bei Weitem nicht so bunt.

Gemütliche Nester

Manchmal **brüten** Grünfinken auch in Gärten. Ihre gut versteckten Nester werden aus Zweigen und Moos gebaut und dann mit etwas Weicherem ausgepolstert, beispielsweise Haaren oder Wolle. Außerhalb der **Brutsaison** gesellen sich Grünfinken gern zu anderen Finken, um Samen und Getreidestoppeln auf den Feldern zu fressen. Finken haben es inzwischen immer schwerer, Futter in ländlichen Gegenden zu finden, da im modernen Ackerbau weniger „Abfall" für Wildtiere übrig bleibt. Daher sind Gärten für diese Vögel im Winter eine wichtige Futterquelle.

Stieglitz

Der auch Distelfink genannte Stieglitz ist mit Abstand der hübscheste Vertreter der Finken-familie. Das rot-weiß-schwarze Gesicht ist genauso auffallend wie die goldfarbenen Stellen an seinen Flügeln.

Achterbahnnest!

Da immer mehr Menschen die Vögel in ihren Gärten füttern, sieht man Stieglitze inzwischen doppelt so häufig wie vor zehn Jahren. Diese Finken-art benutzt ihren Schnabel wie eine Pinzette, um die Samen aus Pflanzen wie Disteln und Karden zu holen. Stieglitze **brüten** in Gärten und auf dem Land. Ihre Nester verstecken sie gut in den äußeren Zweigen von Bäumen und Sträuchern. An windigen Tagen müssen sich die Küken im Nest wie bei einer Achterbahnfahrt vor-kommen!

Gimpel

Der auch Dompfaff genannte Gimpel ist ein scheuer, aber überraschend häufiger Besucher in vielen ländlich gelegenen Gärten. Er ist in etwa so groß wie ein Haussperling und versucht immer, sich nicht allzu weit von seinem **Unterschlupf** zu entfernen. Das Männchen ist mit seiner schwarzen Kappe, der rosa leuchtenden **Brust** und der weißen Unterseite ein ausgesprochen hübscher Vogel. Das Gefieder der Weibchen ist allerdings nicht so bunt.

Futter, Futter!

Im Frühling fressen Gimpel gern die zarten Blüten und Knospen von Obstbäumen. Sie mögen die Sonnenblumenkerne in Vogelhäuschen und im Herbst fressen sie Samen und Früchte von Bäumen und Sträuchern. Seinen kurzen, kräftigen Schnabel benutzt der Gimpel, um Samen zu knacken und an den leckeren Inhalt heranzukommen.

Winterfinken

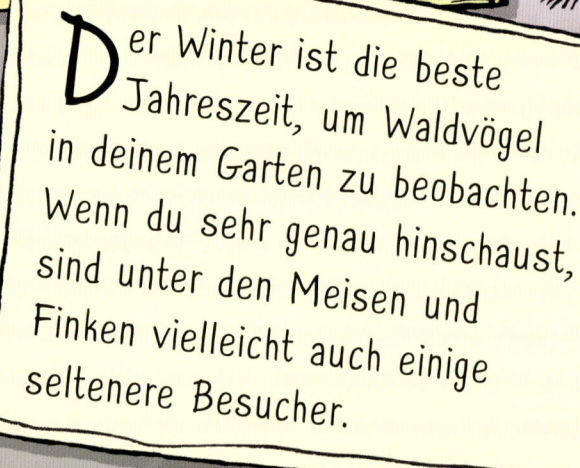

Der Winter ist die beste Jahreszeit, um Waldvögel in deinem Garten zu beobachten. Wenn du sehr genau hinschaust, sind unter den Meisen und Finken vielleicht auch einige seltenere Besucher.

Erlenzeisig

Im Winter sieht man manchmal Erlenzeisige zwischen den häufiger vorkommenden Finken. Sie sehen wie Grünfinken aus, sind aber etwas kleiner und lebhafter gefärbt. Wie bei den meisten Finken ist das Gefieder der Männchen viel auffälliger als das der Weibchen. Mit seiner schwarzen Kappe, den gelben Stellen auf den Flügeln und dem geteilten Schwanz ist das Erlenzeisigmännchen ein spannender Gast in deinem Garten.

Ortskenntnisse

Erlenzeisige suchen gern in Holunderbäumen und Birken nach ihrem Futter, das aus kleinen, leckeren Samen besteht. Wenn du einen Zeisig siehst, ist er vermutlich nicht allein. Diese Vögel reisen in großen Schwärmen und nutzen ihre Ortskenntnisse, um Bäume zu finden, deren Samen reif sind. Ihren Speisezettel ergänzen sie durch Futter, das sie sich aus Vogelhäuschen holen können.

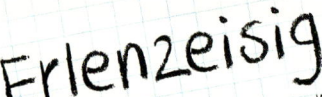

Bergfinken

Bergfinken sind in etwa so groß wie ihre Cousins, die Buchfinken. Sie **brüten** in Skandinavien und Russland. In manchen Jahren verbringen große Schwärme von ihnen den Winter in Mitteleuropa, wo sie sich mit Buchensamen und dem Futter aus Vogelhäuschen vollfressen. In anderen Jahren dagegen kommen nur recht wenige Bergfinken zu uns.

Im Sommer ist das Gefieder der Männchen auffallend bunt und leuchtet in Orange, Schwarz und Weiß. Leider bekommen wir diese Farbenpracht nur selten zu Gesicht, da die Bergfinkenmännchen im Winter aussehen, als wären sie beim Waschen ausgeblichen!

Sommergäste

S uch in deinem Garten nach diesen beiden Vögeln. Im Sommer kommen sie wegen der Insekten, im Herbst wegen der Beeren zu Besuch.

Zilpzalp

Der Zilpzalp (auch Weidenlauf-sänger genannt) kommt im Sommer aus Spanien oder sogar dem fernen Afrika zu uns. Am einfachsten er-kennt man ihn daran, dass er ständig seinen Namen ruft: *zilp-zalp-zilp-zalp*. Aufgrund des Klimawandels bleiben einige Zilpzalpe inzwischen das ganze Jahr über bei uns. In wettergeschützten, frostfreien Gärten kann man diese aktiven kleinen Vögel manchmal sogar an den kältesten Tagen im Jahr sehen.

Gestrüpp als Schutz

Zilpzalpe sind in etwa so groß wie Blaumeisen und haben grün- und gelblich-braunes Gefieder. Sie verbrin-gen fast ihre ganze Zeit hoch oben in den Bäumen, wo sie Insekten im Flug abfangen. Ihre Nester bauen sie in Bodennähe, häufig mitten in einem stacheligen Brombeergestrüpp, um Eier und Küken vor **Räubern** zu schützen.

Männchen hat eine schwarze Kappe

Weibchen hat eine rötlich braune Kappe

Mönchsgrasmücke

Mönchsgrasmücken gehören zur Familie der Grasmücken. Die Männchen tragen eine tiefschwarze Kappe, während sie bei den Weibchen rötlich braun ist. Deshalb denken viele Leute, dass es zwei verschiedene Vogelarten sind. Mönchsgrasmücken gehören zu den größeren Grasmücken und kommen aus Spanien, Portugal und Afrika zu uns geflogen. Die meisten sind Sommergäste, doch inzwischen bleibt eine kleine Anzahl Mönchsgrasmücken auch über Winter in den mittleren und nördlichen Teilen Europas.

Tak! Tak!

Mönchsgrasmücken verstecken sich häufig in Bäumen und Sträuchern und sind am einfachsten durch ihr Singen zu entdecken. Werden sie von Menschen oder **Räubern** gestört, stoßen sie vor Aufregung ein lautes, hartes tak aus, das alles andere als wohlklingend ist! Genau wie Zilpzalpe nisten Mönchsgrasmücken in Bodennähe. Ihre Jungen füttern sie mit Raupen, Fliegen und anderen Insekten. Im Spätsommer machen sie sich über Beeren her und füllen ihre Energiespeicher für die lange Reise in den Süden.

Schmetterlinge im Wald

Waldbrettspiel

Das Waldbrettspiel lebt in Wäldern und Gärten mit vielen Bäumen. Im Gegensatz zu vielen anderen Schmetterlingen fühlt sich das Waldbrettspiel im Halbschatten am wohlsten. Die Männchen wärmen sich gern in der Sonne und verlassen ihren Sitzplatz nur, wenn sie einen männlichen Rivalen verjagen oder ein Weibchen zur **Paarung** überreden wollen. Waldbrettspiele sieht man bei uns von Mitte April bis Mitte September.

Den Lebenszyklus eines Schmetterlings kannst du auf Seite 18 nachlesen.

Zitronenfalter

Zitronenfalter sind häufig die ersten Schmetterlinge, die nach dem Winter auftauchen. Wenn du ein zitronengelbes Männchen im Garten herumflattern siehst, ist das ein sicheres Zeichen dafür, dass es endlich Frühling geworden ist. Zitronenfalter halten ihren **Winterschlaf** in dichtem Efeu oder Brombeergestrüpp, und wenn sie aufwachen, suchen sie gleich nach **Nektar**. Wenn sie sich mit geschlossenen Flügeln hinsetzen, lassen die gekrümmte Form und die blassgrüne Farbe auf der Unterseite ihrer Flügel sie wie ein abgefallenes Blatt aussehen.

Faulbaum-Bläuling

Das silberblau glänzende Männchen der Faulbaum-Bläulinge siehst du vermutlich, wenn es im Frühling und Sommer auf der Jagd nach Weibchen ist. Faulbaum-Bläulinge wandern gern, daher kannst du sie sogar mitten in der Stadt entdecken — eigentlich überall dort, wo es Bäume und Sträucher gibt. Im Frühjahr legen die Weibchen ihre Eier meistens an Stechpalmen ab, aber im Sommer scheinen sie Efeu zu bevorzugen. Beides sind häufig vorkommende Gartenpflanzen, daher besteht eine gute Chance, dass dir dieser Schmetterling in deinem Garten begegnet.

Waldmotten

Die Liste der Motten – oder auch Nachtfalter –, deren Raupen sich von Bäumen und Sträuchern ernähren, ist ziemlich lang. Hier sind einige Motten, die du sehr wahrscheinlich in deinem Garten sehen wirst.

cremefarbene Querlinien

dunkelgraue Flügel

Kleine Pappelglucke

Die Kleine Pappelglucke wird auch Herbstglucke genannt und gehört zu den wenigen Motten, die man auch um Weihnachten herum sieht! Ihr haariger **Hinterleib** wärmt sie selbst in den kältesten Nächten. Die Weibchen legen ihre Eier auf Baumblätter, und wenn die Raupen im Frühjahr schlüpfen, fressen sie nur bei Nacht, um nicht von hungrigen Vögeln gesehen zu werden.

Möndchenflecken-Bindenspanner

Weibliche Möndchenflecken-Bindenspanner legen ihre Eier auf holzige Pflanzen, beispielsweise Brombeeren, Liguster und Weißdorn. Die Farbe dieser Motte unterscheidet sich mitunter stark, doch das Muster auf den Flügeln bleibt immer gleich. Sie kann zwei komplette Lebenszyklen (oder Generationen) in einem Jahr hervorbringen und vollenden und lässt sich zwischen Mai und Anfang Oktober in unseren Gärten beobachten.

Pappel-Zahnspinner

Diese Motten der Zahnspinnerfamilie erkennt man an dem Haarbüschel an ihren Flügeln, das sich aufrichtet, wenn der Pappel-Zahnspinner sich ausruht. Die Raupen sind leuchtend grün und ernähren sich von Weiden und Pappeln. Diese Motte kann zwei Lebenszyklen (oder Generationen) im Jahr durchlaufen und fliegt dann von April bis Mitte Juni und von Mitte Juli bis Mitte August.

Haarbüschel

weiße, braune und schwarze Färbung

Birkenspanner

Diese Motte kommt in zwei sehr unterschiedlichen Formen vor: eine weiße mit schwarzen Sprenkeln und eine schwarze. Wenn dein Garten ländlich gelegen ist, begegnet dir vermutlich eher die helle Form.

HAST DU DAS GEWUSST?

Die beiden Birkenspannerarten stimmen ihre **Tarnung** auf die Umgebung ab. In Regionen mit wenig oder nur geringer Luftverschmutzung sieht man in der Regel die weißen Birkenspanner, da sich diese hervorragend an die **Flechten** auf Bäumen anpassen. In Regionen, in denen es jedoch schon zu einer starken Luftverschmutzung gekommen ist, die **Flechten** verschwinden lässt, ist die schwarze Form der Birkenspanner häufiger verbreitet.

Pappelschwärmer

Wenn der Pappelschwärmer sich ausruht, ragen die Hinterflügel vorn unter den Vorderflügeln hervor. Diese Motten findest du zwischen Mai und September nach Einbruch der Dämmerung an erleuchteten Fenstern. Die Weibchen legen ihre Eier auf die Blätter von Pappeln und Weiden.

lange Flügel

Grau mit Kastanienbraun

Mondvogel

Der Mondvogel wird auch Mondfleck genannt und ist mit Abstand die Motte mit der besten **Tarnung**. Sie sieht genauso aus wie ein abgebrochenes Stück von einem Birkenzweig, was es Vögeln wie zum Beispiel der Kohlmeise sehr schwer macht, diese Motte zu entdecken. Die Weibchen des Mondvogels legen ihre Eier in Gruppen auf die Blätter von Bäumen wie Eiche und Birke. Die Raupen sind stark behaart, sehr bunt und stinken fürchterlich, was **Räubern** sagen soll: „Denk nicht mal im Traum daran, mich zu fressen!"

Wow, diese Motten sind aber gute Versteckspieler!

Achateule

Die Achateule sieht genauso aus wie ein verwittertes Blatt, sodass sie bei Tag nur sehr schwer zu entdecken ist. Zwischen Mai und Oktober lässt sie sich jedoch in Mottenfallen locken. Ihre Raupen fressen die Blätter vieler Bäume und Sträucher und die ausgewachsenen Achateulen besuchen eine ganze Reihe von Gartenblumen, um **Nektar** zu sammeln.

Rotes Ordensband

Diese Motten haben große graue Vorderflügel und auffallend rote Hinterflügel. Wenn es in deinem Garten blühende Sträucher gibt, kannst du vielleicht die ausgewachsenen Motten beim Blütenfressen beobachten. Störst du sie, fliegen sie allerdings fort. Die Raupen können nicht so leicht fliehen, daher verstecken sie sich am Tag in den Ritzen von Baumstämmen und kommen nur nachts heraus, um zu fressen.

Großkäfer

Maikäfer

Maikäfer kannst du im Frühling sehen, sie werden von Licht in deinem Garten angezogen. Diese stämmigen Käfer sind ziemlich groß, haben rotbraune Flügel, ein Paar fächerförmige **Antennen** und einen spitz zulaufenden **Hinterleib**, daher wirst du sie kaum mit anderen Käfern verwechseln! Die **Larven** des Maikäfers vertilgen die Wurzeln vieler Gartenpflanzen. Häufig fressen sie sich bis zu drei Jahre lang durch die Erde, bevor sie sich in ausgewachsene Käfer verwandeln. Die ausgewachsenen Maikäfer machen sich mit Vorliebe über die Blätter von Apfelbäumen her, daher halten viele Gärtner sie für einen Schädling.

Hirschkäfer

Diese Käferart lebt bevorzugt in alten Eichenwäldern, kann aber auch einmal in einem Garten mit vielen Bäumen vorkommen. Der Hirschkäfer ist der größte und beeindruckendste europäische Käfer. Die **Larven** fressen Totholz und es kann vier Jahre dauern, bis sie sich in ausgewachsene Käfer verwandeln. Die Männchen werden bis zu acht Zentimeter lang. Ihre großen, geweihförmigen Kiefer wirken zwar ziemlich gefährlich, aber sie werden nur benutzt, um mit anderen Männchen um Weibchen zu kämpfen.

Ulmensplintkäfer

Ulmensplintkäfer gehören zu den Borkenkäfern. Du wirst sie nicht häufig entdecken können, aber der Schaden, den sie anrichten, ist unübersehbar. Diese Käfer übertragen einen tödlichen **Pilz**, der zum sogenannten Ulmensterben geführt hat. Ulmensplintkäfer fressen und **brüten** auf Ulmen. Die Weibchen legen ihre Eier in einen Gang unter der Rinde. Wenn die **Larven** schlüpfen und zu fressen beginnen, bildet sich ein erkennbares Muster auf der Holzoberfläche.

Wildnis willkommen!

Die besten Tipps

1 Wenn du genug Platz im Garten hast, kannst du viele verschiedene Bäume pflanzen und stellst damit fast das ganze Jahr über Futter für Wildtiere bereit. Selbst gezogene Sämlinge sind ganz einfach zu pflanzen und zudem noch billig. Wenn du den Besitzer um Erlaubnis bittest, kannst du auch Jungpflanzen von brachliegenden Grundstücken oder aus der freien Natur holen.

2 In den ersten Lebensjahren des kleinen Baums musst du dich gut um ihn kümmern. Wenn du ihn mit einem Pfahl abstützt, ihm Wasser gibst, ihn vor Kaninchen und Eichhörnchen schützt und das Unkraut an seinem Fuß jätest, hilft ihm das dabei, groß und stark zu werden.

3 In dichten Sträuchern oder Mischhecken können Vögel nisten und **Säugetiere** ihren **Winterschlaf** halten. Diese grünen Zäune machen sich besonders gut an der Grundstücksgrenze, wo sie für Menschen ein Hindernis, für tierische Besucher aber freie Wildbahn sind.

4 Vergiss nicht, dass auch Waldboden ein wichtiges **Habitat** ist. Wenn du dort Pflanzen setzt, die im Frühjahr blühen, ergibt das nicht nur einen hübschen Farbklecks, sondern auch Futter für viele Insekten, wenn diese aus ihrem **Winterschlaf** erwachen.

5 Futterhäuschen helfen vielen Vögeln dabei, den Winter zu überleben. Damit deine Vogelbesucher gesund bleiben, musst du das Häuschen regelmäßig sauber machen. Wenn du mehrere Häuschen in deinen Garten stellst, haben auch die etwas ängstlicheren Vögel eine Chance auf Futter.

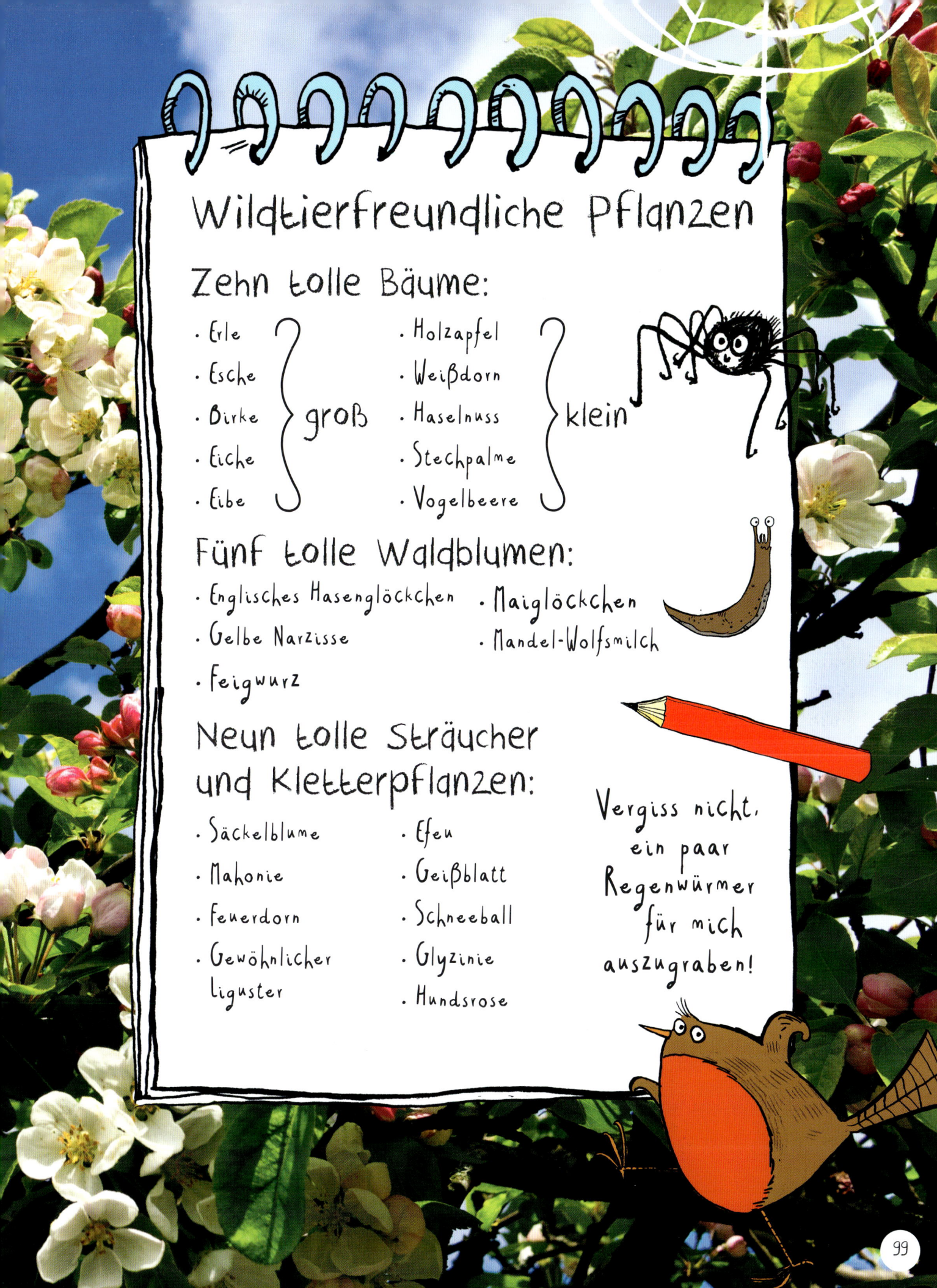

Wildtierfreundliche Pflanzen

Zehn tolle Bäume:

- Erle
- Esche
- Birke
- Eiche
- Eibe

} groß

- Holzapfel
- Weißdorn
- Haselnuss
- Stechpalme
- Vogelbeere

} klein

Fünf tolle Waldblumen:

- Englisches Hasenglöckchen
- Gelbe Narzisse
- Feigwurz
- Maiglöckchen
- Mandel-Wolfsmilch

Neun tolle Sträucher und Kletterpflanzen:

- Säckelblume
- Mahonie
- Feuerdorn
- Gewöhnlicher Liguster
- Efeu
- Geißblatt
- Schneeball
- Glyzinie
- Hundsrose

Vergiss nicht, ein paar Regenwürmer für mich auszugraben!

Teiche

Ein Teich ist die beste Möglichkeit, deinen Garten noch einladender für Wildtiere zu machen. Damit lockst du Lebewesen in deinen Garten, die normalerweise einfach daran vorbeispazieren würden. Außerdem sind Teiche ungeheuer spannend, denn du kannst herumschwirrende Libellen und liebeskranke Frösche stundenlang beobachten. Und das sind nur die Tiere über Wasser! Einige der winzigen Kreaturen, die unter Wasser leben, würden auch ganz gut in einen Horrorfilm passen!

Teiche sind die Heimat von Tieren wie Sumpfschnecken, die ihr ganzes Leben im Wasser verbringen. Es gibt aber auch eine ganze Menge anderer Tiere, zum Beispiel Frösche, Libellen und Wasserläufer, die das Wasser für eine wichtige Phase ihres Lebenszyklus brauchen. Und dann gibt es noch Tiere, die eigentlich nicht im Wasser leben, aber ihr Futter in einem Teich finden oder ihn besuchen, um dort zu trinken oder zu baden.

Es macht gar nichts, wenn dein Garten nicht sehr groß ist. Schon ein kleiner Behälter, der in der Erde versenkt und das ganze Jahr über mit Wasser gefüllt wird, zieht Wildtiere an. Es ist verblüffend, wie schnell Lebewesen deinen Teich finden und dann von nah und fern angeflogen, angekrochen oder angehüpft kommen. Viele Teiche in der freien Natur sind in den letzten Jahrzehnten völlig verschwunden und viele der Teiche, die erhalten geblieben sind, befinden sich in einem schlechten Zustand. Deshalb sind Gartenteiche heute wichtige Zufluchtsorte für Wildtiere.

Je nasser, desto besser!

Wasserliebende Säugetiere

Fischotter

Noch in den 1970er-Jahren waren Fischotter in Europa wegen der Verschmutzung von Flüssen und der Jagd auf die Tiere fast ausgestorben. Aber da wir uns erheblich gebessert haben und der Fischotter inzwischen unter Schutz steht, hat sich der Bestand wieder erholt.

GESCHÜTZT

Scheu und geheimnisvoll

Der Fischotter ist mit Schwanz über einen Meter lang. Er fühlt sich an Land genauso wohl wie im Wasser. Fischotter sind sehr scheu, daher sieht man sie nur selten. Häufig ist der einzige Hinweis darauf, dass ein Fischotter deinen Gartenteich besucht, nach Meer riechender Kot am Ufer! Fischotter entfernen sich nie weit von ihren ursprünglichen Gewässern, aber wenn du in deren Nähe wohnst, solltest du gut auf deine Fische aufpassen!

Amerikanischer Nerz

Der Amerikanische Nerz hat ein dunkles Fell und ist erheblich kleiner als der Fischotter. Er kommt ursprünglich aus Nordamerika, hat sich inzwischen aber überall in Europa ausgebreitet, da viele Tiere aus Pelztierfarmen entkommen sind oder freigelassen wurden.

Otterhelfer

Nerze fressen alles, angefangen bei Fischen und Vögeln über Wühlmäuse bis hin zu Hühnern. Sie sind erbarmungslose **Räuber**. Nerze im Garten wird man nur sehr schwer wieder los. Aber weil Otter sie nicht ausstehen können, verjagt der größere und stärkere Otter seinen Rivalen, wenn sie aufeinandertreffen.

Große Wühlmaus

Große Wühlmäuse haben einen gedrungenen Körper mit kleinen Ohren, einen kurzen Schwanz und bewegen sich „hundepaddelnd" durchs Wasser. Sie leben in weitverzweigten Bauten am Ufer von Flüssen. Früher waren sie dort ein alltäglicher Anblick, doch in den letzten Jahren werden sie immer seltener. Dies liegt am Verschwinden vieler Uferpflanzen, die von den Großen Wühlmäusen gefressen werden, und auch an der Ausbreitung des Amerikanischen Nerzes (der sich gerne eine Wühlmaus zum Mittagessen holt). Doch in einigen ländlich gelegenen Gärten mit großen Teichen haben Große Wühlmäuse **Unterschlupf** gefunden.

Grasfrosch

Frösche wachen manchmal schon im Februar aus ihrer **Winterstarre** auf und als Erstes machen sie sich auf die Suche nach Wasser. Gartenteiche sind häufig flach und warm, und da es dort nicht so viele **Räuber** gibt, die Froscheier und Kaulquappen fressen, sind sie für Frösche ideal!

Achte auf Froschlaich

Auf dem Höhepunkt der **Brutsaison** kann es an beliebten Teichen sehr laut werden. Männliche Frösche ringen miteinander, während sie versuchen, die am Teich eintreffenden Weibchen für sich zu gewinnen. Die **Paarungszeit** fällt in der Regel auf wenige Nächte, daher solltest du immer morgens nach großen Laichklumpen in deinem Teich suchen. Ein sicheres Zeichen dafür, dass die Frösche fleißig waren!

Frösche legen Froschlaich

Aus dem Froschlaich schlüpfen Kaulquappen

Sie bekommen Beine und werden zu Fröschlein

Schnecken – lecker!

Nach der **Paarung** verlassen die erschöpften Frösche den Teich und suchen an Land nach Futter für ihren leeren Magen. Den Rest des Sommers verbringen sie damit, so viel wie möglich zu fressen. Sie haben eine Schwäche für die Schnecken in deinen Beeten und es ist wichtig, dass sie zunehmen, um die kommende **Winterstarre** zu überstehen.

Aus den Fröschlein werden schließlich Frösche!

HAST DU DAS GEWUSST?

Von dem Moment an, in dem Kaulquappen schlüpfen, werden sie zur **Beute** zahlreicher **Räuber**, von Fischen und Libellen**larven** bis hin zu Käfern und Molchen. Es werden so viele Kaulquappen gefressen, dass 99 % von ihnen sich nie in Fröschlein verwandeln. Jeder ausgewachsene Frosch in deinem Teich ist also ein echter Überlebenskünstler!

105

Erdkröte

Auch die warzigen Erdkröten haben herausgefunden, dass Gärten der perfekte Ort sind, um sich zu **paaren**, Futter zu finden und zu **überwintern**. Erdkröten haben eine rauere Haut als die verwandten Frösche und in der Regel springen sie nicht, sondern kriechen oder laufen. Ihre Pupillen sind schmale Schlitze, während Frösche gerundete Pupillen haben.

Kröten hüpfen nicht so gut wie wir Frösche!

vorsicht Autos!

Erdkröten wachen aus ihrer **Winterstarre** auf, sobald es zu Frühlingsbeginn ein paar milde, nasse Abende gibt. Manchmal wandern sie mehrere Kilometer zu ihren Lieblingsteichen. Leider wissen Erdkröten nicht, wie gefährlich der Straßenverkehr sein kann, und daher werden viele von ihnen platt gefahren.

Wählerische Erdkröten

Wenn es um die Auswahl eines Teichs geht, sind Erdkröten viel wählerischer als Frösche. Ihnen ist es lieber, wenn der Teich groß und ziemlich tief ist. Wenn sie sich **paaren**, kann das sehr laut werden, da bis zu ein Dutzend Männchen um ein Weibchen kämpfen. Froschlaich wird immer in Klumpen gelegt, während Krötenlaich in Form von langen Schnüren abgegeben wird, die wie Perlen an einer Kette aussehen. Froschkaulquappen sind das Lieblingsfutter vieler **Räuber**, aber Krötenkaulquappen haben eine giftige Haut, die ihnen etwas Schutz verleiht. Im Hochsommer sind alle überlebenden Kaulquappen der Erdkröten zu jungen Kröten geworden und kriechen dann aus dem Teich an Land.

Schluck!

Nachtjäger

Im Mai, wenn die **Paarung** vorüber ist, verlassen die ausgewachsenen Erdkröten den Teich und begeben sich auf Futtersuche. Sie jagen nachts und fressen alles, was in ihr Maul passt, zum Beispiel Ameisen, Käfer, Würmer oder Schnecken. Vor Sonnenaufgang verstecken sich die Erdkröten dann unter einem Stein oder in einer Erdmulde.

Molche

Teichmolch

Der Teichmolch ist der am häufigsten vorkommende Molch. Man sieht ihn am einfachsten ab Ende März, wenn er zur **Brutsaison** an den Teich kommt. Dann führt das Männchen für das Weibchen einen beeindruckenden Unterwasser-tanz auf. Das Männchen knickt seinen Schwanz nach vorn und beginnt dann, vor der Nase des Weibchens damit herumzuwedeln! Wenn das Weibchen auf sein Werben eingeht, kann die **Paarung** beginnen. Die Weibchen legen über 200 Eier, von denen jedes einzeln auf ein Blatt gelegt und darin eingewickelt wird.

langer, gewellter Kamm

gefleckter Körper

orangefarbener Bauch

Babymolch

Die Jungen dieser Molchart haben außen liegende **Kiemen**, mit denen sie unter Wasser atmen können. Es dauert drei bis vier Monate, bis sie ausgewachsen sind, daher verlassen sie den Teich erst im Spätsommer. Im Herbst und Winter bleiben sie an Land und im nächsten Frühjahr kehren sie in den Teich zurück, um sich zu **paaren**.

Fadenmolch

Fadenmolche sind die kleinsten Molche. Man sieht sie vor allem in Gärten, die in der Nähe von Hochland- oder Moorgebieten liegen. Die Männchen haben auffällige Hautlappen zwischen den Zehen an den Hinterfüßen (die auch Schwimmhäute genannt werden), mit denen sie die Weibchen beeindrucken!

Schlupfwinkel

Ausgewachsene Fadenmolche vertilgen Unmengen von Froschlaich, während sie im Teich leben. Aber wenn sie im Juli an Land gehen, fressen sie alles, was sie erwischen können! Sie verbringen bis zu acht Monate im Jahr außerhalb des Wassers, daher sind Gärten mit ihren vielen Schlupfwinkeln sehr wichtig für das Überleben dieser Molche.

lange Spitze am Schwanzende

Kammmolch

Kammmolche sind erheblich größer als die anderen Molcharten. Sie brauchen viele Unterschlüpfe in der Nähe ihres Teichs, damit sie nach Futter jagen und sich verstecken können. Der Bestand an Kammmolchen ist rückläufig und daher geschützt.

gewellter Kamm am Schwanz

gezackter Kamm auf dem Rücken

Schwarze Flecken bilden auf jedem Molch ein anderes Muster

orange-gelber Bauch

Libellen

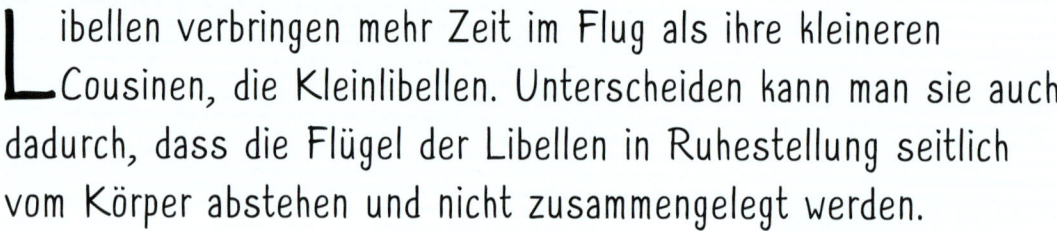

Libellen verbringen mehr Zeit im Flug als ihre kleineren Cousinen, die Kleinlibellen. Unterscheiden kann man sie auch dadurch, dass die Flügel der Libellen in Ruhestellung seitlich vom Körper abstehen und nicht zusammengelegt werden.

Blaugrüne Mosaikjungfer

Die Weibchen dieser Libellenart haben mehr grüne Flecken als die Männchen und legen ihre Eier am Rand deines Teichs ab. Die Eier schlüpfen im Frühling, aber es dauert zwei bis drei Jahre, bis die unter Wasser lebenden **Larven** herauskriechen und sich in fliegende Libellen verwandeln. Die **Larven** benutzen eine Art „Maske", um ihr Abendessen zu erwischen. Wenn die **Beute** sich nähert, schnellt diese Fangmaske blitzschnell vor und packt sie mit den Klauen an ihrem Ende.

grüne Stellen am Brustabschnitt

blaue Flecken am **Hinterleib**

leuchtend rot

Große Heidelibelle

Bei der **Paarung** benutzt das Männchen der Großen Heidelibelle Haken an seinem **Hinterleib**, um das Weibchen zu packen. Dann fliegen sie zusammen zum Wasser, damit das Weibchen seine Eier ablegen kann. Das Weibchen legt immer nur ein paar Eier auf einmal und berührt dazu mit dem **Hinterleib** die Wasseroberfläche.

grüner
Brustabschnitt

Große Königslibelle

Große Königslibellen mögen zwar richtige Seen, aber vielleicht hast du Glück und siehst sie auch an deinem Teich. Die Weibchen legen ihre Eier an Pflanzen, die dicht unter der Wasseroberfläche wachsen. Wenn die Eier geschlüpft sind, gibt es im Teich einen neuen gefräßigen **Räuber**: Die **Larven** der Großen Königslibelle können so gut wie alles fangen und fressen, von Kaulquappen bis hin zu kleinen Fischen.

beachtliche Größe

himmelblau-schwarzer Hinterleib

breiter, flacher Hinterleib

Plattbauch

Die Weibchen dieser Libellenart sind gelblichbraun und kommen nur zu Teichen, wenn sie sich **paaren** wollen. Das blau gefärbte Männchen bewacht das Weibchen, während es die Eier in „seinen" Teich legt! Die **Larven** des Plattbauchs finden im Schlamm am Teichboden genug zu fressen. Sie verwandeln sich alle gleichzeitig innerhalb weniger Tage Mitte Mai, damit sie sich später leichter **paaren** können.

Männchen sind
hellblau gefärbt

Kleinlibellen

Kleinlibellen sind nicht so groß und viel zierlicher als Libellen. Man kann sie auch dadurch unterscheiden, dass Kleinlibellen ihre Flügel in Ruhestellung zusammenklappen.

Frühe Adonislibelle

Die Frühe Adonislibelle ist eine der ersten Libellenarten, die man im Frühling beobachten kann – sie fliegt manchmal schon ab April. Ihre **Larven** verbringen fast zwei Jahre auf dem Grund von Teichen, doch die ausgewachsenen Libellen leben selten länger als eine Woche. Vor ihrem Tod haben diese Libellen dann nur eine Aufgabe zu erledigen – sie müssen sich **paaren**!

Große Pechlibelle

Diese Libellenart siehst du von Mai bis September. Die **Larven** der Großen Pechlibelle sind sehr zäh und können daher selbst in verschmutzten Teichen überleben. Die ausgewachsenen Libellen leben ungefähr eine Woche lang. Sie fressen gern kleinere Insekten, die sie manchmal noch im Flug fangen.

schwarzer Hinterleib

leuchtend blauer Abschnitt

Gemeine Becherjungfer

und Hufeisen-Azurjungfer

Die Hufeisen-Azurjungfer und die Gemeine Becherjungfer sehen sich sehr ähnlich. Die Männchen beider Arten sind blau und schwarz gefärbt. Hufeisen-Azurjungfern findet man etwas früher als die Gemeinen Becherjungfern, die erst im Sommer fliegen. Während sie sich **paaren**, fliegen sie paarweise herum. Beim Eierlegen packt das Männchen das Weibchen hinter dem Kopf und klammert sich fest, um sicherzustellen, dass niemand dazwischenkommen kann! Die **Nymphen** beider Arten haben wie die **Larven** der Blaugrünen Mosaikjungfer eine Fangmaske. Sie fressen Mückenlarven und Wasserflöhe und wachsen so schnell, dass sie sich bis zu zehnmal **häuten**, bevor sie das Wasser verlassen und an Land gehen.

Wasserschnecken

Wasserschnecken finden deinen Teich nicht von allein, sie müssen hingebracht werden. Häufig kleben sie an den Töpfen von Wasserpflanzen und gelangen so zu dir in den Garten! Sie sind sehr nützlich, da sie **Algen** und abgestorbene Pflanzen fressen und auf diese Weise das Wasser im Teich klar bleibt. Ihr Kot dient auch als Dünger für Teichpflanzen.

Spitzschlammschnecke

Das spitz zulaufende Gehäuse dieser großen braunen Schnecke wird circa fünf Zentimeter lang. Du siehst sie vielleicht, wenn sie an die Wasseroberfläche kommt, um Luft zu holen. Im Sommer, wenn es genügend Futter gibt, kann sie zusätzliche Schichten an der Öffnung des Gehäuses bilden, und sich so mehr Platz zum Wachsen verschaffen.

Im Gegensatz zu den meisten anderen Tieren sind diese Schnecken weder männlich noch weiblich! Sie legen ihre Eier in einer wurstförmigen Geleemasse und befestigen diese an der Unterseite von Blättern, die auf der Wasseroberfläche liegen. Aus den Eiern schlüpfen dann perfekte Miniaturschnecken.

Posthornschnecke

Posthornschnecken haben ihren Namen wegen ihres flachen, gewendelten Gehäuses bekommen, das ein bisschen so aussieht wie ein Posthorn. Das Gehäuse kann bis zu vier Zentimeter groß werden. Posthornschnecken sind Pflanzenfresser, daher mögen sie Teiche, in denen es viel Grün gibt! Sie können bis zu drei Jahre alt werden. Wie die Spitzschlammschnecken können sie sowohl männlich als auch weiblich sein, was es für sie einfacher macht, einen leeren Teich zu bevölkern.

Teichinsekten

Gemeiner Rückenschwimmer

Gemeine Rückenschwimmer können fliegen und sich somit problemlos in neu angelegten Teichen ansiedeln. Sie schwimmen mit der Bauchseite nach oben auf dem Wasser, während sie ihren Luftvorrat auffüllen. Auf der Jagd nach **Beute** „rudern" Rückenschwimmer mit ihren Hinterbeinen durch das Wasser.

Skorpionswanze

Skorpionswanzen packen mit ihren Vorderbeinen andere Insekten, Kaulquappen und sogar kleine Fische. Sie sind nicht mit Skorpionen verwandt und haben auch keinen Stachel. Die lange Röhre an ihrem Hinterteil benutzen sie, um über der Wasseroberfläche Luft anzusaugen.

Eintagsfliege

Die **Nymphen** der Eintagsfliegen leben bis zu einem Jahr unter Wasser, wo sie **Algen** und Pflanzen fressen. Du erkennst sie an ihren drei Schwänzen. Wenn du sie unter Wasser störst, verschwinden sie mit heftigen Schwanzschlägen. Ausgewachsene Eintagsfliegen leben nicht einmal eine Woche lang. Sie kommen alle auf einmal aus dem Teich an Land, damit sie große **Paarungs**schwärme bilden können. In unseren Teichen finden sich viele verschiedene Arten von Eintagsfliegen.

Köcherfliegen

Larven der Köcherfliegen bauen eine Hülle (Köcher genannt), um sich zu verstecken und zu schützen. Die verschiedenen Arten nutzen aber jeweils andere Dinge für den Bau dieser Hüllen – Blätter, Sand oder kleine Steinchen – und sie spinnen Seidenfäden, die diese zusammenhalten. Zimtbraune Köcherfliegen verwenden sogar Teile von kleinen Ästen! Ausgewachsene Köcherfliegen sind dämmerungs- und nachtaktiv. Dann siehst du sie vielleicht wie Motten um Lichtquellen in deinem Garten herumflattern.

Gelbrandkäfer

Die **Larven** des Gelbrandkäfers sind hervorragende Jäger. Sie klammern sich an Wasserpflanzen und packen ihre **Beute** mit den Vorderbeinen. Dann spritzen sie eine **Substanz** hinein, die das Innere des Opfers flüssig werden lässt, sodass sie es aussaugen können. Die ausgewachsenen Käfer werden bis zu drei Zentimeter lang und du siehst sie vielleicht, wenn sie an die Wasseroberfläche kommen, um Luft zu holen. Die Luft speichern sie unter ihrer Flügeldecke. Aufgrund dieser Luftblase ist der Käfer leichter als Wasser – ungefähr so, als würdest du beim Schwimmen Schwimmflügel tragen.

Schlammfliegen

Schlammfliegen sind dämmerungs- aktiv und nicht die besten Flieger, daher siehst du sie am ehesten beim Herumkrabbeln am Teichufer oder wenn sie sich an Pflanzen klammern. Die Weibchen legen ihre Eier so ab, dass die **Larven** beim Schlüpfen gleich ins Wasser fallen, wo sie den Herbst und Winter da- mit verbringen, mit ihren kräftigen Kiefern alle kleinen Lebewesen zu fangen, die ihnen zu nah kommen!

Gemeiner Wasserläufer

Da sie fliegen können, gehören Wasserläufer immer zu den ersten Tieren, die sich in einem neu angelegten Teich ansiedeln. Du siehst sie oft auf der Wasserober- fläche "Schlittschuh laufen". Sie benutzen ihr mittleres Beinpaar wie Ruder eines Ruderboots, um sich fortzu- bewegen. Die Hinterbeine werden zur Steuerung ein- gesetzt und mit den kürzeren Vorderbeinen packen sie ihre **Beute**. Jedes noch so winzige Insekt, das ins Wasser fällt, verursacht kleine Wellen beim Ver- such, wieder aus dem Wasser zu kommen. Der Wasserläufer spürt die- se Bewegungen über die Haare an seinen Füßen und benutzt dann seinen **Rüssel**, um die gefangene **Beute** auszusaugen. Die Weibchen legen ihre Eier im Frühling und schützen sie durch eine dick- flüssige Masse, mit der sie sie gleichzeitig an Wasserpflanzen befestigen. Die Jungen **häuten** sich im Wachstum mindestens fünfmal. Sie **überwintern** an Land und kehren dann im nächs- ten Frühling als ausgewachsene Wasserläufer in den Teich zurück.

Taumelkäfer

Taumelkäfer sind sehr gesellig und schwimmen immer in kleinen „Schwärmen" an der Wasseroberfläche. Diese kleine, schwarz glänzende Käferart ist ungeheuer schnell, was daran liegt, dass ihre mittleren und hinteren Beinpaare zu Paddeln abgeflacht sind.

Halb und halb

Die Augen des Taumelkäfers sind in zwei Hälften unterteilt. Die obere Hälfte des Auges wird für das Sehen in der Luft benutzt, während die untere Hälfte für das Sehen unter Wasser zuständig ist. Wenn der Käfer von oben eine Gefahr entdeckt, kann er untertauchen und sich zwischen den Pflanzen unter Wasser verstecken. Seine **Larven** verbringen ihre gesamte Zeit unter Wasser, wo sie sich von Mücken- und Schnaken**larven** ernähren.

Wildnis willkommen

Die besten Tipps

1 Sauberes Wasser ist sehr wichtig, wenn du viele Wildtiere in deinem Teich haben willst. Nach Möglichkeit solltest du kein Leitungswasser hineinpumpen, da es Chemikalien enthält, die **Algen** wachsen lassen. Regenwasser ist am besten; wenn du Geduld hast, füllt sich dein Teich von selbst damit oder du holst es aus einer Regentonne.

2 Ein Teich mit unterschiedlich tiefen Bereichen zieht vielfältigere Arten an. Viele Teichbewohner, zum Beispiel Frösche, Wasserkäfer und Libellen**larven**, leben vor allem in den flacheren Teilen des Teichs, die schnell von der Sonne aufgewärmt werden. Andere Lebewesen dagegen bevorzugen tiefere Bereiche, die im Winter nicht durchgefrieren.

3 Wenn du einen Teich voller Wildtiere haben möchtest, solltest du keine Fische halten. In der freien Natur kommen sie darin zwar vor, aber Fische sind **Räuber** und können einen kleinen Gartenteich schnell aus dem Gleichgewicht bringen. Möchtest du unbedingt Fische, dann grabe doch einen zweiten Teich nur für sie.

4 Setze möglichst verschiedene Wasserpflanzen. Das lässt deinen Teich schöner aussehen und macht ihn für Wildtiere interessanter. Pflanzen am Ufer sind gute Sitzplätze für Libellen und bieten Nistmöglichkeiten für Vögel. Unterwasserpflanzen sorgen für **Sauerstoff** im Wasser und sind für kleinere Teichbewohner Jagd- und **Brut**revier. Schwimmblattpflanzen sind für Molche und Schnecken der perfekte Ort zur Eiablage.

5 Warte ab, bis Wildtiere deinen Teich von allein finden. Es ist zwar sehr verlockend, Schlamm und Teichwasser von einem bereits vorhandenen Teich einzufüllen, um die Besiedlung zu beschleunigen, aber manchmal werden Krankheiten mitgeschleppt. Im Frühling und Sommer werden Wasserläufer, Käfer und Libellen auch ohne deine Hilfe angeflogen kommen und mit etwas Glück wirst du auch bald Frösche und Molche in deinem Teich haben!

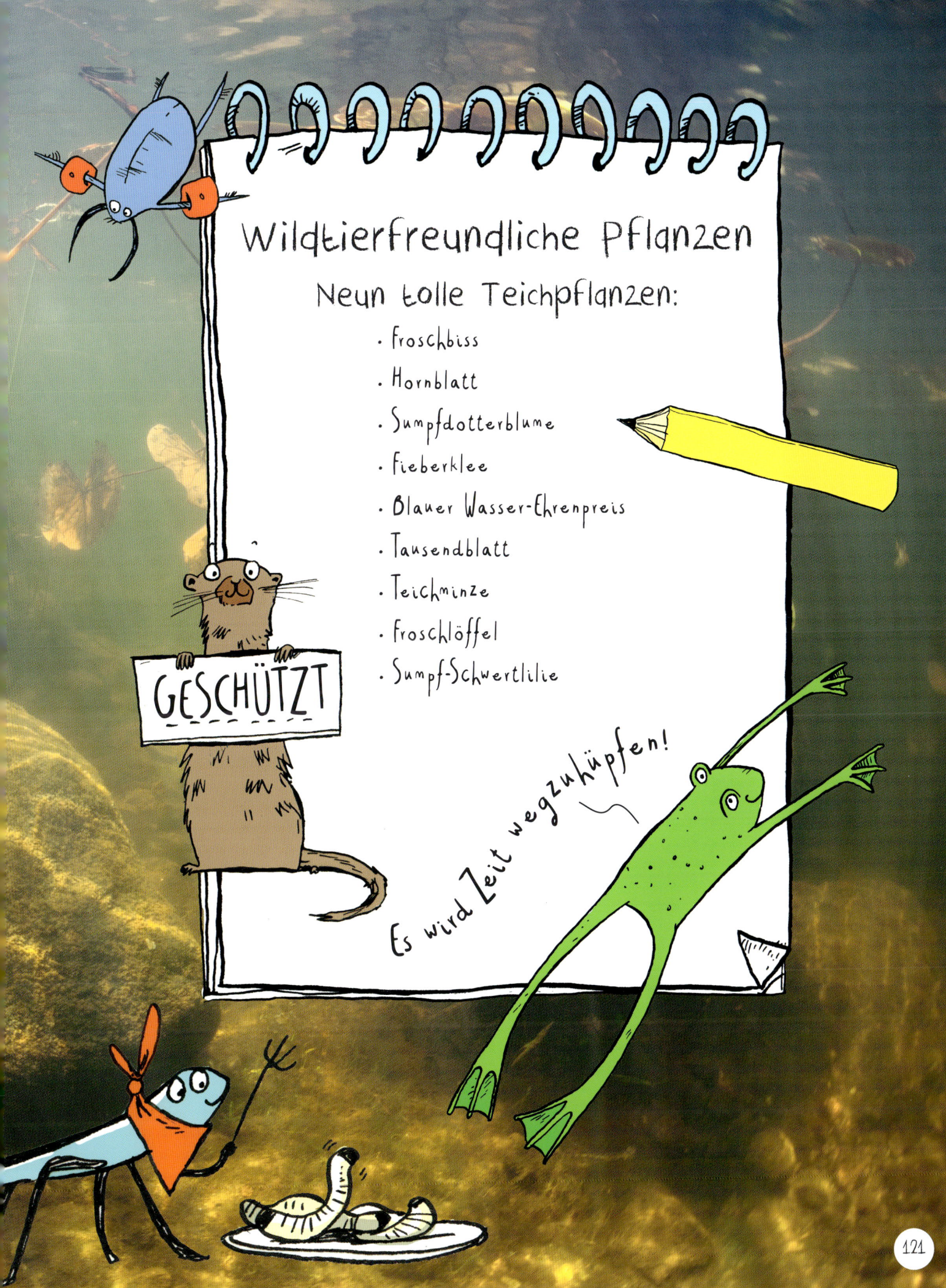

Wildtierfreundliche Pflanzen

Neun tolle Teichpflanzen:

- Froschbiss
- Hornblatt
- Sumpfdotterblume
- Fieberklee
- Blauer Wasser-Ehrenpreis
- Tausendblatt
- Teichminze
- Froschlöffel
- Sumpf-Schwertlilie

GESCHÜTZT

Es wird Zeit wegzuhüpfen!

Wildwuchs, Komposthaufen und Holzstapel

Gartenbereiche, in denen das Gras nicht gemäht wird, Holz liegen bleibt, um zu verrotten, oder abgestorbene Pflanzen nicht weggeräumt werden, sind für Wildtiere sehr wichtig. Anders ausgedrückt: Ein bisschen Unordnung ist gut! Selbst im ordentlichsten Garten gibt es Ecken, mit denen man nicht viel anfangen kann, und diese Bereiche bieten **Unterschlupf** für viele Krabbeltiere.

Um deinen Garten attraktiver für größere Wildtiere zu machen, brauchst du viele von diesen Krabbeltieren. Du siehst sie vielleicht nicht, aber Insekten, Spinnen und Schnecken finden sich massenhaft in deinem Garten und sind den größeren Besuchern zahlenmäßig weit überlegen. Sie haben eine wichtige Aufgabe: Sie sind für das „Recycling" verantwortlich und so etwas wie eine Müll- und Putztruppe im Garten. Außerdem dienen sie als Futter für größere Tiere.

Die ungeliebten und verwilderten Bereiche in deinem Garten sind wichtige **Habitate**, die viele Tiere anderswo vielleicht gar nicht mehr finden. Komposthaufen stecken voller verrottender Pflanzen und sind der ideale Ort für die Eiablage von Blindschleichen und Ringelnattern. Unter den feuchten Bedingungen in einem Komposthaufen können es sich zudem Hunderte von Käfern, Tausendfüßern, Hundertfüßern und Asseln gemütlich machen.

Holzstapel sind ein guter Nährboden für Baum**pilze** und viele Käfer brauchen Totholz, um ihren Lebenszyklus vollenden zu können. Diese verwilderten oder vergessenen Ecken sind häufig auch die besten Plätze im Garten, an denen Vögel ihre Nester bauen und **Säugetiere** ihren **Winterschlaf** halten können.

Unordnung ist mir am liebsten!

Kleine Säugetiere

kleinere Augen und Ohren als eine Maus

stumpfe Nase

kürzerer Schwanz

als eine Maus

Rötelmaus

Rötelmäuse sind das Lieblingsfutter von Waldkäuzen und Füchsen; daher versuchen sie, so gut wie möglich unsichtbar zu bleiben. Sie bauen Nester unterirdisch und legen weitläufige Gangsysteme an. Im Frühling und Sommer fressen sie gern die jungen Triebe und Blätter von Pflanzen; im Herbst und Winter vertilgen sie Pilze, Beeren und Nüsse. Rötelmäuse bekommen eine Menge Babys. Sie können sich vom Frühjahr bis in den Herbst hinein fortpflanzen und die Weibchen können bis zu vier Würfe mit jeweils drei bis fünf Jungen pro Jahr haben. Das sind dann in einem guten Jahr bis zu 20 Babys für jedes Weibchen!

Spitzmaus

Spitzmäuse sind sehr scheu und du wirst sie vermutlich eher hören als sehen. Sie müssen fast ununterbrochen fressen, um am Leben zu bleiben: Insekten, Spinnen, Schnecken und Asseln, alles wird vertilgt. Spitzmäuse werden meist nicht älter als ein Jahr und sind nicht sehr gesellig. Die Paarungszeit ist die einzige Zeit, in der sie mit anderen Spitzmäusen zusammen sind. In der Regel haben sie ein oder zwei Würfe im Jahr.

kleine Knopfaugen

borstige Schnurr-haare

spitze Schnauze

Wanderratte

Wanderratten gibt es in Europa erst seit etwa 300 Jahren. Ratten halten sich häufig in Abwasserkanälen und Müllhalden auf, aber es ist durchaus möglich, dass du eine in deinem Garten siehst! Sie können mehr oder weniger alles fressen: Auf ihrem Speisezettel stehen Eier, Frösche, Nüsse, Beeren und Lebensmittelabfälle.

Babys, Babys, Babys!

Ratten haben es beim Nestbau gern warm und ungestört. Sie können sich das ganze Jahr über fortpflanzen und bis zu 50 Junge in einem Jahr werfen! Die Jungen selbst können sich schon nach ein paar Monaten **paaren**, daher überrascht es nicht, dass Ratten sich explosionsartig vermehren. Leider übertragen Ratten verschiedene Krankheiten an den Menschen, daher sollten wir diese Besucher lieber nicht in unseren Garten einladen und uns von ihnen fernhalten.

Eidechsen

Waldeidechse

Diese Eidechse kommt sehr häufig vor und findet sich auch in vielen Gärten - überall dort, wo sie ein Sonnenbad nehmen kann und es viele Insekten gibt! Sowohl die Männchen als auch die Weibchen sind braun gefärbt, aber in der **Paarungszeit** wird der orangerote Bauch des Männchens zum sicheren Unterscheidungsmerkmal. Wenn es kalt ist, bewegen sich Waldeidechsen nur langsam fort, wenn sie sich jedoch aufgewärmt haben, können sie unglaublich schnell krabbeln. Im Frühjahr wachen sie aus ihrer **Winterstarre** auf und **paaren** sich. Die Jungen werden im Frühsommer geboren und sehen von Anfang an so aus wie Miniausführungen ihrer Eltern.

HAST DU DAS GEWUSST?

Waldeidechsen werden häufig von Katzen, Ratten und Vögeln gefangen und gefressen, aber manchmal entkommen sie durch einen Trick – sie werfen ihren Schwanz ab. Während der **Räuber** durch den zuckenden Schwanz abgelenkt ist, läuft die Eidechse schnell davon.

Blindschleiche

Blindschleichen werden oft mit Würmern oder kleinen Schlangen verwechselt, sind aber Eidechsen ohne Beine. Daher ist es für sie einfach, sich in engen Ritzen zu verstecken oder ihrer **Beute** aufzulauern. Wie alle **Reptilien** brauchen Blindschleichen die Wärme der Sonne, um sich bewegen zu können. Tagsüber nehmen sie gern ein Sonnenbad in Steinspalten oder kleinen Ecken, damit sie außer Sicht bleiben können. Nachts gehen sie dann auf die Jagd nach Schnecken.

Langes Leben

Blindschleichen verbringen die kälteste Zeit des Jahres in einer **Winterstarre**. Männchen und Weibchen sehen sich sehr ähnlich und können hell- bis dunkelbraun sein. Sie **paaren** sich im Frühling und im Spätsommer bekommen die Weibchen zwischen zehn und 20 Junge. Blindschleichen werden von Katzen, Ratten, Füchsen und Igeln gefressen, aber Tiere, denen die Flucht gelingt, können sehr alt werden. In **Gefangenschaft** wurde eine Blindschleiche sogar stolze 54 Jahre alt!

Ringelnatter

Mit über einem Meter gehört die Ringelnatter zu den größten Schlangenarten Europas. Vielleicht siehst du sie ja bei der Jagd an deinem Teich oder in deinem Komposthaufen, der ihr Wärme und Schutz bietet. Ringelnattern haben einen olivgrünen langen, dünnen Körper, einen gelben „Kragen" am Hals und runde schwarze Augenpupillen.

Nest im Komposthaufen

Wie alle **Reptilien** verbringen Ringelnattern die kalte Jahreszeit in der **Winterstarre**. Im Frühling wachen sie auf und **paaren** sich. Das Weibchen baut ein Nest für seine Eier; dafür eignen sich Komposthaufen und Blätterhaufen. Dann legt es zwischen zehn und 30 ledrig-schalige Eier, die erst im August oder September schlüpfen. Die Jungen sehen aus wie ihre dunkel gefärbten Eltern, sind aber natürlich winzig. Und sie sind Nestflüchter. Sie schlängeln schnell davon und machen sich sofort auf die Suche nach Schnecken und Würmern.

Frösche ... lecker!

Ringelnattern fühlen sich im und am Wasser am wohlsten: Frösche sind eben ihr Lieblingsfutter! Die Ringelnatter ist nicht giftig, aber das gleicht sie beim Jagen durch ihre nach hinten gebogenen Zähne wieder aus. Diese verhindern, dass die **Beute** sich losreißen kann. Wenn eine Ringelnatter sich bedroht fühlt, beginnt sie, laut zu zischen, und bläht sich auf, um größer und gefährlicher auszusehen. Funktioniert das nicht, kann sie auch eine übel stinkende Flüssigkeit absondern, die andere Tiere abschreckt. Und wenn gar nichts mehr hilft, stellt sie sich tot.

Bleib bloß weg von mir!

Käfer

Schwarzer Moderkäfer

Diese großen Käfer wirken ziemlich gruselig! Wenn ein Schwarzer Moderkäfer erschrickt, kann er seinen langen **Hinterleib** nach oben biegen, sodass er wie ein gefährlicher Skorpion aussieht. Am großen Kopf dieses Käfers sitzen kräftige Scheren, mit denen er einen unvorsichtigen Menschen auch mal heftig zwicken kann. Am Tag versteckt er sich unter Holzscheiten, in der Nacht kriecht er heraus, um alles zu fangen, was kleiner ist als er!

Buh! Hab ich dich erschreckt?

Kurzflügler

Kurzflügler entwickeln sich im Frühjahr zu ausgewachsenen Käfern und verbringen fast ihre gesamte Zeit unter Steinen oder in Komposthaufen. Sie sind rot und schwarz, mit einem langen **Hinterleib** und kurzen Flügeldecken. Kurzflügler sind sehr schnell unterwegs und nutzen das, um kleinere Insekten einzuholen und zu fangen.

Totengräber

Totengräber sind wichtig, da sie tote Vögel und **Säugetiere** in deinem Garten zersetzen. Sie werden vom Geruch verwesender Tiere angelockt und begraben sie nach und nach. Dann legen sie ihre Eier darauf ab. Wenn die Jungen schlüpfen, haben sie gleich etwas zu fressen!

Nessel-Blattrüssler

Der Nessel-Blattrüssler ist ein kleiner goldgrüner oder bläulich grüner Käfer, der sein ganzes Leben in der Nähe von Brennnesseln verbringt. Im Mai oder Juni siehst du diese Käfer vielleicht in deinem Garten darauf sitzen, kurz bevor sie sich **paaren** und dann sterben. Die **Larven** bleiben den Rest des Jahres in der Erde, wo sie Brennnesselwurzeln fressen. Im nächsten Frühling verwandeln sie sich in ausgewachsene Käfer.

Asseln

Asseln lieben die ruhigen Ecken in deinem Garten. Obwohl sie mit Krebsen und Krabben verwandt sind, leben Asseln nur an Land. Sie kommen meist nachts aus ihrem Versteck und mögen dunkle, feuchte Stellen, die verhindern, dass sie austrocknen.

Zwergassel

Die Zwergassel ist sehr klein und rötlich braun. Diese Assel besitzt sieben Beinpaare und einen schmalen Körper und verbringt ihr ganzes Leben damit, sich zwischen toten Blättern oder in Komposthaufen zu verstecken. Wie bei den meisten Asseln sind verrottende Pflanzen ihr Lieblingsfutter.

Kellerassel

Die schiefergrauen Kellerasseln werden bis zu zwei Zentimeter lang und haben einen rauen, mit Pickeln übersäten Panzer. Im Gegensatz zu vielen ihrer Cousins sind diese Asseln besser dafür geeignet, in trockenen Bedingungen zu überleben. Unter Ziegelsteinen und großen Kieseln findest du häufig eine ganze Menge Keller-asseln. Wenn du sie störst, krabbeln sie schnell davon.

Mauerassel

Die Mauerassel hat einen glatten, glänzenden Körper mit hellgrauen und gelben Stellen am Rand ihres Panzers. Diese Assel lebt gern an feuchten Orten und benutzt ihre **Antennen** zur Orientierung und Futtersuche.

Kugelassel

Die dunkelgraue Kugelassel ist die einzige Assel, die ihren Panzer zu einem runden Ball zusammenrollen kann. Das schützt sie davor, gefressen zu werden, und verhindert auch, dass sie austrocknet. Kugelasseln fressen vor allem verrottende Pflanzen, aber sie klettern auch an Bäumen und Mauern hoch, um **Flechten** und **Algen** zu vertilgen.

Tausendfüßer und Hundertfüßer

Tausendfüßer und Hundertfüßer sehen sich zwar ähnlich, aber sie unterscheiden sich stark voneinander! Tausendfüßer sind träge Pflanzenfresser mit zwei Beinpaaren an jedem der vielen Abschnitte ihres Körpers. Hundertfüßer dagegen sind schnelle **Räuber** mit giftigen Klauen und nur einem Beinpaar je Körperabschnitt.

Rotbrauner Bandfüßer

Rotbraune Bandfüßer haben abgeflachte Rückenplatten. Sie verstecken sich gern an feuchten Orten wie zum Beispiel in Komposthaufen oder unter toten Blättern. Diese Bandfüßerart ist blind und kann sich nur langsam fortbewegen. Wenn sie gestört wird, sondert sie eine Flüssigkeit ab, die nach Mandeln riecht.

Schwarzer Schnurfüßer

Der Schwarze Schnurfüßer sieht fast so aus wie eine Schlange; er hat einen langen Körper mit weißen Beinen. Diese Art versteckt sich tagsüber in der Erde oder hinter loser Rinde und frisst lebende und abgestorbene Pflanzen. Wenn du sie störst, rollt sie sich zu einer Spirale zusammen.

Erdläufer

Dieser lange cremefarbene Hundertfüßer lebt an feuchten Orten. Der schnelle **Räuber** ist nachtaktiv und jagt seine **Beute** so lange, bis er seine scharfen, gebogenen Zähne in sein Opfer schlagen kann. Die Weibchen sind fürsorgliche Mütter und beschützen sowohl ihre Eier als auch ihre Jungen mit ihrem langen, beweglichen Körper.

Gemeiner Steinläufer

Dieser kastanienbraune Hundertfüßer versteckt sich unter Holzscheiten und Steinen und kommt nur nachts hervor, um zu jagen. Wenn sie jung sind, haben diese Hundertfüßer sieben Beinpaare, in ausgewachsenem Zustand sind es dann 15! Die hinteren Beinpaare sind dabei immer länger als die vorderen. Dieser schnelle Jäger, der bis zu sechs Jahre alt werden kann, kommt unter den Hundertfüßern in deinem Garten vermutlich am häufigsten vor.

Wildnis willkommen

Die besten Tipps

1 Wirf Küchen- oder Gartenabfälle nicht in den Müll, sondern auf den Kompost! Daraus wird ein toller Dünger für deine Blumenbeete. Und damit sparst du nicht nur Geld – Komposthaufen bieten auch Futter und **Unterschlupf** für viele Wildtiere.

2 Ein Holzstapel ist eine praktische Methode, um altes Holz zu entsorgen und ein Zuhause für viele Lebewesen zu schaffen. Am besten legst du den Holzstapel in einer schattigen, feuchten Ecke deines Gartens an. Wenn du das untere Holz teilweise im Boden vergräbst, verrottet es schneller. Nach einiger Zeit solltest du obendrauf Holz nachlegen.

3 Betritt ruhige Ecken in deinem Garten so selten wie möglich. Dort könnten Vögel **brüten**. Außerdem finden dort viele Lebewesen **Unterschlupf**, die in der kalten Jahreszeit **Winterschlaf** halten.

4 Einige der besten Pflanzen für Wildtiere sind solche, die ein Gärtner normalerweise loswerden möchte. Unkräuter können andere Pflanzen überwuchern, wenn sie nicht regelmäßig ausgezupft werden. Warum lässt du sie in einer freien Ecke nicht einfach ungestört wachsen? Pflanzen, die sich zu weit ausbreiten, kannst du einfach zurückschneiden.

5 Ruhige Ecken müssen keine unordentlichen Ecken sein. Ein ordentlicher Holzstapel kann sehr dekorativ aussehen und ein Komposthaufen wie ein Küchenschrank sein, in den man all das räumt, was nicht so schön aussieht!

Wildtierfreundliche Pflanzen

Neun tolle Unkräuter:

- Brombeeren
- Vogelmiere
- Gewöhnliches Greiskraut
- Spieß-Melde
- Knoblauchsrauke
- Gräser
- Einjähriges Silberblatt
- Brennnessel
- Breitwegerich

Fantasie kennt
keine Grenzen!

Über und unter der Erde

Es gibt viele Gartentiere, die ihr ganzes Leben in der Erde unter unseren Füßen verbringen oder am Himmel über unseren Köpfen fliegen. Ob Fledermäuse, Rauchschwalben, Mehlschwalben oder Mauersegler deinen Garten besuchen, hängt vor allem davon ab, wo du wohnst. Wenn dein Garten in der Nähe einer Stelle liegt, an der im Sommer Fledermäuse ihren Schlafplatz haben, kommen sie auf Futtersuche vermutlich auch bei dir vorbei. Mauersegler **brüten** vor allem an Steinbauten in der Stadt, während Rauch- und Mehlschwalben das Leben auf dem Land bevorzugen.

Nicht jeder hat das Glück, Fledermäuse oder Rauchschwalben in seinem Garten zu entdecken, aber allein die Gartenerde beherbergt unglaublich viele Lebewesen. Ohne Mikroskop kannst du sie nicht sehen, aber die Erde ist voller winziger Pflanzen und Tiere, die den Boden für größere Pflanzen aufbereiten. Unzählige Würmer und Springschwänze, die in der Erde leben, verbessern deren Struktur und dienen auch als Futter für alle möglichen Tiere, von Hundertfüßern und Maulwürfen bis hin zu Fröschen und Amseln.

Fledermäuse

Die Flügel der Fledermaus haben sich im Laufe der **Evolution** aus langfingrigen Händen entwickelt. Sie sind damit die einzigen fliegenden **Säugetiere**. Mithilfe eines Tricks orientieren sie sich in der Dunkelheit: Sie geben hohe Töne von sich und lauschen auf das Echo, anhand dessen sie ein „Bild" ihrer Umgebung erstellen.

Zwergfledermäuse

Zwergfledermäuse sind die kleinste und meistverbreitete europäische Fledermausgattung. Mit etwas Glück siehst du sie schon in der Dämmerung herumflattern. Sie wiegen nur fünf Gramm, haben aber eine erstaunlich große Flügelspanne, die bis zu 20 Zentimeter betragen kann. Es gibt drei verschiedene Arten, aber sie sehen sich alle sehr ähnlich und rufen lediglich auf einer anderen Tonhöhe – so hoch, dass menschliche Ohren es nicht hören können. Sie sind ausgezeichnete Jäger und können jede Nacht bis zu 3.000 Fliegen und Mücken fangen!

Braunes Langohr

Ein Braunes Langohr erkennst du ganz einfach an seinen unglaublich langen Ohren! Da diese Fledermäuse ein ausgezeichnetes Gehör besitzen, können sie Insekten schon auf der Oberfläche eines Blatts entdecken und fangen, wenn das Insekt noch mucksmäuschenstill sitzt. Braune Langohren findet man in der Regel in Waldnähe, aber wenn in deinem Garten ein paar große Bäume stehen, hast du vielleicht Glück und siehst eine von ihnen nach Einbruch der Dunkelheit. Im November fallen die Fledermäuse wegen der Kälte und des Nahrungsmangels in einen **Winterschlaf**. Sie **überwintern** in kühlen, trockenen Höhlen oder Kellern.

Großer Abendsegler

Mit einer Flügelspannweite von bis zu 40 Zentimeter gehört der Große Abendsegler zu den größten europäischen Fledermausarten. Du siehst ihn vor allem in der Morgen- und Abenddämmerung. Diese Fledermäuse jagen die ganze Nacht hindurch und können selbst große Insekten wie Schwärmer und Maikäfer im Flug fangen. Große Abendsegler schlafen gern in Baumlöchern. Sie **paaren** sich erst kurz bevor sie in den **Winterschlaf** fallen. Die Weibchen bringen dann im darauffolgenden Sommer ein einziges Junges zur Welt.

Mäuse-bussard

Vor 30 Jahren hättest du einen Mäusebussard nur mit viel Glück in deiner Umgebung entdecken können. In letzter Zeit hat sich der Bestand dieses **Raubvogels** jedoch stark erholt, sodass er in ländlichen Gegenden wieder ein vertrauter Anblick ist. Mäusebussarde scheinen eine Mischung aus Feldern und Waldgebieten zu bevorzugen, wo sie ein reichhaltiges Nahrungsangebot und viele Plätze für ihre Nester finden.

Erstaunliche Flugkünste

Mäusebussarde sind überwiegend braun gefärbt, mit breiten, abgerundeten Flügeln, die „Finger" an den Spitzen tragen, und einem kurzen Schwanz. Diese Vögel sind sehr menschenscheu, daher sieht man sie nur selten in einem Garten. Die beeindruckende „Flugshow", mit der das Männchen im Frühling um das Weibchen wirbt, lässt sich jedoch problemlos beobachten. Wenn du das von deinem Garten aus sehen kannst, bedeutet das, dass die Mäusebussarde vermutlich irgendwo in der Nähe nisten.

143

Rotmilan

Rotmilane sind etwas größer als Mäusebussarde und sehr elegante Flieger. Diese Vögel haben ausgesprochen lange Flügel und einen langen, gegabelten Schwanz mit rötlichen Federn. Du erkennst sie daran, dass dieser Schwanz beim Fliegen hin und her zuckt, denn damit ändern sie ihre Position in der Luft. Rotmilane werden bis zu 25 Jahre alt!

Im Sturzflug

Rotmilane **brüten** in Wäldern und fressen vor allem tote Tiere. Außerdem stehen Insekten, Würmer und kleine **Säugetiere** auf ihrem Speiseplan. In Regionen mit vielen Rotmilanen besuchen diese Gärten, wenn man Fleischbrocken für sie auslegt. Sie stoßen im Sturzflug herab und greifen sich das Futter vom Boden, ohne zu landen.

Möwen

Silbermöwe

Silbermöwen haben einen finsteren Blick und sehen aus, als hätten sie ständig schlechte Laune. Rücken und Flügel sind hellgrau, der Schnabel ist gelb und an der Spitze nach unten gebogen. Während der **Brutsaison** der Silbermöwen ist ihr charakteristischer, an ein spöttisches Lachen erinnernder Ruf überall in Küstennähe zu hören. Sie werden von Lebensmittelabfällen angezogen und **brüten** daher gern an Orten, die eine sichere Nahrungsquelle bieten, beispielsweise Fischereihäfen.

Fütter uns, fütter uns!

Silbermöwen nisten gern in der Nähe anderer Möwen auf Dächern und legen zwei bis vier Eier. Das Nest und die nähere Umgebung verteidigen sie vor **Räubern** – den Menschen eingeschlossen! Wenn die Küken schlüpfen, haben sie für einige Tage noch ein Tarngefieder, aber schon kurze Zeit später fangen sie an, ihre Eltern kräftig zu nerven – sie wollen gefüttert werden!

Lachmöwe

Im Frühling und Sommer erkennst du Lachmöwen leicht an ihren schokoladenbraunen „Kapuzen". Im Winter sind ihre Köpfe weiß mit einem braunen Fleck auf beiden Seiten. Die Lachmöwe gehört zu den kleinsten Möwenarten und **brütet** im Gegensatz zur Silbermöwe nicht in Städten. Sie zieht es vor, ihr Nest in Feuchtgebieten oder auf Inseln zu bauen.

Mittagessen

Nach der **Brutsaison** zieht es Lachmöwen zur Futtersuche in die Städte. Manchmal kommen sie in Gärten, um sich über das Futter in den Vogelhäuschen herzumachen, allerdings landen sie nur selten. Sie stoßen im Sturzflug herab und verschwinden dann gleich wieder, um ihr Festessen woanders fortzusetzen. Wenn du in Küstennähe wohnst, kannst du Lachmöwen im Winter am frühen Morgen sehen.

Mehlschwalben, Rauchschwalben und Mauersegler

Rauchschwalbe

Rauchschwalben verbringen den Winter in Südafrika, daher stehen die Zeichen ganz sicher auf Frühling, wenn sie im April nach einem langen Flug bei uns eintreffen. Rauchschwalben haben einen tief gegabelten Schwanz und eine blau-schwarze Oberseite. Die Unterseite ist heller, der Kopf rötlich braun.

Insekten –
ich komme!

Insektenfresser

Rauchschwalben nisten gern in den Dächern alter Scheunen oder Ställe und mögen Städte nicht, daher wirst du sie vermutlich nur sehen, wenn du auf dem Land wohnst. Sie sind echte Flugkünstler und fangen ihr Futter in der Luft. Ein ausgewachsenes Exemplar kann bis zu 6.000 Insekten am Tag schnappen, wenn es Küken füttern muss. Rauchschwalben bauen offene, schalenförmige Nester aus Lehm und Stroh. In einem warmen Sommer können sie eine oder zwei **Bruten** mit bis zu sechs Küken haben, bevor sie sich auf die lange Reise nach Süden machen.

Mehlschwalbe

Mehlschwalben besuchen uns ebenfalls im Sommer. Sie sind etwas rundlicher und kompakter als Rauchschwalben. Sie treffen je nach Region im April oder Mai ein und bleiben dann bis September oder Oktober, wenn das Nahrungsangebot noch ausreicht. Mehlschwalben sind sehr gesellige Tiere und setzen ihre schalenförmigen Nester oft dicht nebeneinander unter die Dachtraufe von Gebäuden. Die Nester bauen sie jedes Jahr neu aus Lehm.

Höhenflieger

Auf der Jagd fliegen Mehlschwalben in der Regel im Luftraum über den Rauchschwalben und manchmal kannst du hören, wie sie dabei miteinander zwitschern. Mehlschwalben fangen vor allem Stechmücken, Fliegen und Ameisen und füttern damit ihre **Brut**. Selbst nachdem die Jungen das Nest verlassen haben, werden sie von ihren Eltern noch so lange gefüttert, bis sie gelernt haben, sich ihr Futter selbst zu besorgen.

Mauersegler

Mit ihren kurzen, torpedoförmigen Körpern und leicht abwärts gebogenen Flügeln kann man Mauersegler an dem „Anker" erkennen, den sie in der Luft bilden. Siehst du sie nicht, kannst du vielleicht ihr Kreischen hören, wenn sie über deinen Garten fliegen. Wie Rauch- und Mehlschwalben besuchen uns die Mauersegler im Sommer. Sie sind die Letzten, die im Mai aus dem Süden anreisen, und fliegen im August wieder weg.

Ein Leben in der Luft

Mauersegler nisten im Dach von Gebäuden, verbringen aber fast ihre gesamte Zeit in der Luft: Sie fressen, **paaren** sich und schlafen sogar im Fliegen! In jedem Garten mit Bäumen und Blumen gibt es Tausende von Insekten, die das ideale Futter für die Mauersegler darstellen. Diese Vögel haben nur eine **Brut** während des Sommers, und wenn die Jungen das Nest verlassen, kann es durchaus passieren, dass sie erst nach zwei Jahren wieder festen Boden unter die Füße bekommen – wenn sie als ausgewachsene Mauersegler zurückkehren, um zu **brüten**.

Maulwurf

Viele **Säugetiere** in deinem Garten kommen und gehen, ohne dass du es überhaupt bemerkst. Aber wenn ein Maulwurf bei dir einzieht, wird dir das dank zahlreicher Maulwurfshügel mit Sicherheit auffallen. Sie entstehen durch die Erde, die der Maulwurf beim Graben seines unterirdischen Gang- und Kammersystems beiseite- bzw. an die Oberfläche schiebt.

Regenwürmer zum Mittagessen

Maulwürfe fressen liebend gern Regenwürmer. Die Würmer fallen in die Gänge des Maulwurfs, wo er sie dann ganz einfach aufheben kann! Maulwürfe leben allein und gesellen sich lediglich in der kurzen **Paarungszeit** zu ihren Artgenossen. Die Babys werden im April oder Mai geboren und sind zuerst nackt, blind und völlig hilflos. Aber nach nur sechs Wochen können sie sich einen eigenen Garten suchen! Die meisten Gärtner mögen keine Maulwürfe, da sie ziemlich viel Unordnung im Garten anrichten. Aber tatsächlich verbessern sie den Boden auch, indem sie ihn belüften. Außerdem fressen sie viele Schädlinge, zum Beispiel Maikäfer- und Schnaken**larven**.

Zeit, unter die Erde zu verschwinden!

Ein Leben unter der Erde

Der Maulwurf ist hervorragend an ein Leben unter der Erde angepasst. Er hat ein dichtes, samtartiges Fell und kann sich aufgrund seiner Form vorwärts und rückwärts in den Gängen bewegen. Maulwürfe sind zwar klein, aber überraschend stark, und können sich mit ihren schaufelartigen Händen problemlos durch die Erde graben.

Minitiere unter der Erde

Regenwürmer gehören zu den wichtigsten Lebewesen in deinem Garten. Sie sorgen dafür, dass verrottende Blätter zerkleinert werden, und verbessern beim Graben die Bodenstruktur. Außerdem dienen sie anderen Gartenbesuchern als Futter.

Gemeiner Regenwurm

Ein Gemeiner Regenwurm (auch Tauwurm genannt) kann bis zu 35 Zentimeter lang werden. Er ist der größte Regenwurm und der Wurm, der dir am ehesten in deinem Garten begegnen wird. Kopf- und Schwanzenden sind zugespitzt und in der Mitte hat er einen erhöhten „Sattel". Er ist rötlich braun und besitzt kleine Borsten am ganzen Körper, mit denen er sich festhalten kann, während er sich durch die Erde bewegt.

Röhren in der Erde

Gemeine Regenwürmer graben Röhren in die Erde. Auf Futtersuche kommen sie an die Oberfläche und ziehen Blätter in ihre Röhren, damit sie sie dort lagern und später fressen können. An regnerischen Abenden kommen die Würmer auch zum **Paaren** an die Oberfläche. Dachse, Füchse und Igel haben die Gemeinen Regenwürmer zum Fressen gern, daher müssen sie immer in der Nähe ihrer Fluchtröhren bleiben!

Großer Wiesenwurm

Große Wiesenwürmer können bis zu 15 Zentimeter lang werden und sind sehr dünn. Ihr Kopf ist dunkler als ihr Schwanz und sie sind in feuchter Erde am aktivsten. Bei trockenem Wetter ruhen sie sich aus, wobei sie sich zu einem Ball zusammenrollen, um Wasser zu sparen. Sie leben bis zu 60 Zentimeter tief unter der Erde, wo sie sich im Gegensatz zu den Gemeinen Regenwürmern gut versteckt vor hungrigen **Räubern paaren**.

HAST DU DAS GEWUSST?

Große Wiesenwürmer sind die Würmer, die im Frühjahr und Herbst „Häufchen" auf deinem Rasen hinterlassen.

Springschwänze

In einem kleinen Häufchen toter Blätter können Tausende Springschwänze wohnen. Und jetzt stell dir vor, wie viele es in deinem ganzen Garten sind! Diese Tiere sind durchschnittlich vier Millimeter lang, daher entdeckst du sie nur, wenn du ganz genau hinsiehst!

Sie leben überall dort in deinem Garten, wo es feucht, dunkel und nass ist. Springschwänze haben einen gespaltenen, schwanzähnlichen Körperteil, mit dem sie in die Luft springen können, wenn sie sich gestört fühlen. Sie sind sehr wichtig für deinen Garten, da sie abgestorbene Pflanzen und Blätter fressen und recyceln.

Wildnis willkommen!

Die besten Tipps

1 Mach deinen Garten so einladend wie möglich für fliegende Insekten-Fresser! Das schaffst du natürlich dann, wenn dort möglichst viele Arten von fliegenden Insekten wohnen. Du musst nur jede Menge Blumen pflanzen, dann kommen diese Insekten zu dir in den Garten.

2 Vergiss nicht: Dein Garten ist nur so gesund und lebendig wie das, was unter der Erde liegt! Wenn du deinen eigenen Kompost unter die Erde mischst, ist das eine gute Starthilfe für winzige Pflanzen und Tiere wie Regenwürmer, Tausendfüßer und Asseln, die dort leben. Kompost lässt nicht nur deine Blumen und Gemüsepflanzen besser wachsen, er macht deinen Garten auch erheblich attraktiver für Wildtiere, was für beide Seiten ein Gewinn ist.

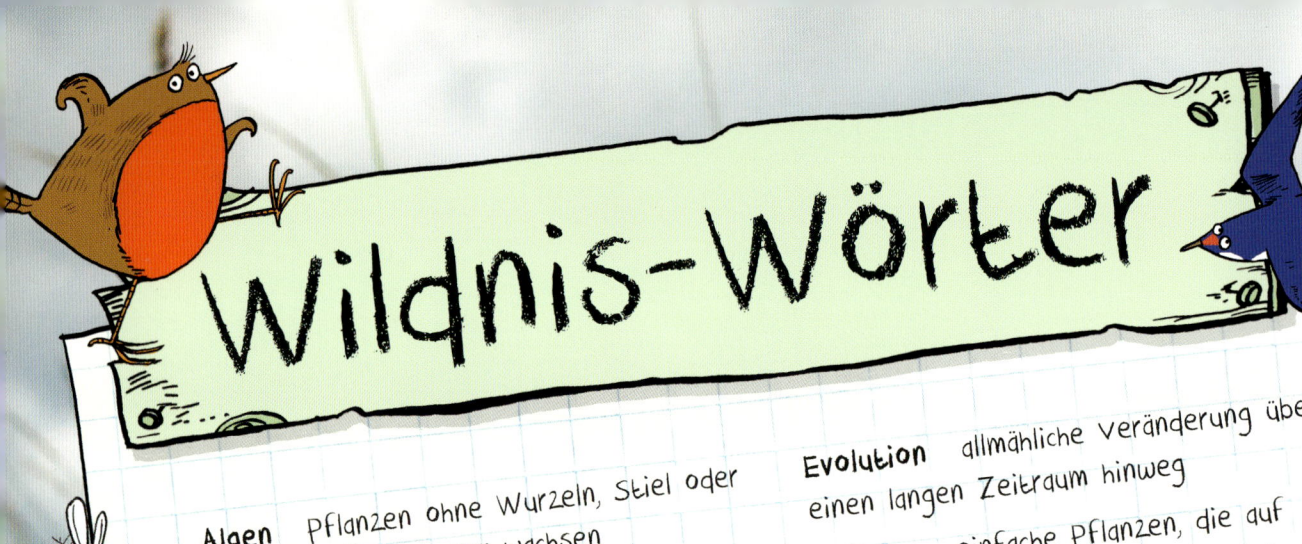

Wildnis-Wörter

Algen Pflanzen ohne Wurzeln, Stiel oder Blätter, die im Wasser wachsen

Amphibien Kaltblüter, die sowohl im Wasser als auch an Land leben, aber ihre Eier im Wasser legen

Antennen lange, dünne Fühler am Kopf von Insekten

Augenfleck (Augenflecken) Muster, das wie ein Auge aussieht

bestäuben Pollen von einer Pflanze zu einer anderen tragen, damit die Pflanzen Samen und Früchte wachsen lassen

Beute Tiere, die von anderen Tieren als Futter gejagt und getötet werden

Brust vorderer Teil eines Vogelkörpers, unterhalb des Halses

Brustabschnitt mittlerer Körperteil eines Insekts oder einer Spinne

Brut (Bruten) Familie aus Tierbabys, die alle zur gleichen Zeit geboren wurden

brüten sich paaren und Babys bekommen

Brutsaison Jahreszeit, in der Vögel brüten

Eindringlinge Menschen oder Tiere, die kommen, ohne eingeladen zu sein

einheimisch aus einem bestimmten Ort, Land oder einer bestimmten Gegend stammend, nicht dorthin gebracht oder später angekommen

Evolution allmähliche Veränderung über einen langen Zeitraum hinweg

Flechten einfache Pflanzen, die auf Felsen, Mauern und Bäumen wachsen

Gift schädlicher Stoff, der durch Stechen oder Beißen in ein anderes Tier gespritzt wird

Habitat (Habitate) natürlicher Lebensraum eines Tiers

häuten Haut abwerfen

Hinterleib hinterer Teil eines Insekten- oder Spinnenkörpers

Kamm Büschel aus Federn, Pelz oder Haut auf dem Kopf oder am Rücken eines Tiers

Kiemen Teil des Körpers, den Fische unter Wasser zum Atmen benutzen

Kokon aus Seidenfäden von einer Larve gesponnene Hülle, in der sie sich in ein ausgewachsenes Exemplar ihrer Art verwandelt

Konifere (Koniferen) immergrüne Bäume mit nadelartigen Blättern und Zapfen

Krone höchstgelegener Teil von Bäumen, der aus Ästen, Zweigen und Blättern besteht

lähmen dafür sorgen, dass sich jemand oder etwas nicht mehr bewegen kann

Larve (Larven) Baby-Insekt

Nachkommen alle Jungen aus vorherigen Tiergenerationen

Nektar zuckerhaltige Flüssigkeit in Blumen, die von einigen Insekten als Futter gesammelt wird

Nymphen Insektenbabys

paaren (Paarung) Sex haben und Babys bekommen

Paarungszeit Jahreszeit, in der Tiere zusammenkommen und sich paaren

Pollen feiner Staub in Pflanzen, der von einer Pflanze zu einer anderen getragen wird, damit die Pflanzen Samen und Früchte wachsen lassen

Puppe harte Hülle, die Motten- oder Schmetterlingslarven bilden, um sich in ausgewachsene Exemplare ihrer Art zu verwandeln

Räuber Tiere, die andere Tiere als Futter jagen und töten

Raubvogel Vogel, der andere Tiere jagt und frisst

Reptilien Kaltblüter, die trockene, schuppige Haut haben und Eier an Land legen

Revier begrenzter Bereich, den ein Tier als sein Zuhause sieht und den es vor anderen Tieren verteidigt

Rüssel langer, flexibler Mundschlauch, der zum Saugen benutzt wird

Sauerstoff Gas in der Luft, das Menschen und Tiere zum Atmen brauchen

Säugetier (Säugetiere) Warmblüter, die Haare oder einen Pelz haben, lebende Babys zur Welt bringen und sie mit ihrer eigenen Milch füttern

Substanz Material, aus dem etwas besteht

Tarnung Farben und Muster an einem Tier, mit deren Hilfe es sich versteckt oder mit seiner Umgebung verschmilzt

überwintern den Winter in einem schlafähnlichen Zustand oder einer anderen Region verbringen

Unterschlupf sicherer Ort

Winterschlaf den Winter in einem schlafähnlichen Zustand verbringen

Winterstarre den Winter in einem erstarrten Zustand verbringen, der durch fallende Temperaturen ausgelöst wird

Würfe Familien aus Tierbabys, die alle zur gleichen Zeit geboren wurden

Register